ZHI LI LU JING XIA DE
GONG GONG TU SHU GUAN LI SHI HUI MO SHI
TAN SUO YU SHI JIAN

治理路径下的公共图书馆理事会模式探索与实践

马 春　叶汝强　著

上海科学技术文献出版社
Shanghai Scientific and Technological Literature Press

图书在版编目（CIP）数据

治理路径下的公共图书馆理事会模式探索与实践 / 马春，叶汝强著 . —上海：上海科学技术文献出版社，2017
　ISBN 978-7-5439-7418-0

　Ⅰ.① 治… Ⅱ.① 马…② 叶… Ⅲ.① 公共图书馆—理事会—研究—中国　Ⅳ.① G259.252

中国版本图书馆 CIP 数据核字（2017）第 118394 号

责任编辑：徐　静
封面设计：袁　力

治理路径下的公共图书馆理事会模式探索与实践
马　春　叶汝强　著
出版发行：上海科学技术文献出版社
地　　址：上海市长乐路 746 号
邮政编码：200040
经　　销：全国新华书店
印　　刷：常熟市人民印刷有限公司
开　　本：720×1000　1/16
印　　张：10.25
字　　数：136 000
版　　次：2017 年 7 月第 1 版　2017 年 7 月第 1 次印刷
书　　号：ISBN 978-7-5439-7418-0
定　　价：48.00 元
http://www.sstlp.com

研究团队

负责人：马　春　叶汝强

撰写人（按姓氏笔画排序）：

　　　　马　春　卞志昕　叶汝强　曲　蕴

　　　　邹勤南　陈顺忠　胡皓达　黄一文

　　　　舒　睿

序

近年来,国家陆续出台有关事业单位法人治理结构政策,以推进和深化体制机制创新。2011年3月,中共中央、国务院发布《关于分类推进事业单位改革的指导意见》,把健全法人治理结构作为推进公益服务事业单位改革的重要内容。同时,作为政策配套,同年7月,国务院办公厅印发"分类推进事业单位改革配套文件",共包括《关于事业单位分类的意见》等9个配套文件。2013年11月,党的十八届三中全会通过《中共中央关于全面深化改革若干重大问题的决定》,全面部署了构建现代公共文化服务体系的重点任务,其中公共文化机构建立法人治理结构、实行理事会制度是重点任务之一。2014年,中央文化体制改革和发展工作领导小组把公共图书馆等组建理事会列入改革试点任务。

在国家层面的部署和推动下,各地公共图书馆积极开展法人治理探索,相继成立理事会,迈出了可喜的一步。但总体而言,我国公共图书馆理事会制度尚属试点阶段。现有的研究文献基本停留在对国家政策的理论探索或对各自单位理事会制度执行情况的分析、总结与展望方面,有关公共图书馆理事会制度实际运行的案例和理论研究较少。

为此,上海图书馆(上海科学技术情报研究所)课题组认真开展探索与研究。2015年,申请国家文化部"2015—2016年度国家公共文化服务体系制度设计研究课题",利用知识图谱等新兴可视化的研究方法,将资料调研与问卷调查、定性分析与定量分析、研究分析与专家咨询等结合起来,全面、客观地反映国外、国内、机构三个层面的法人治理工作研究与实践,并结合上海图书馆(上海科学技术情报研究所)理事会运行实践和成效分析,对法人治理结构及管理模式进行了深入研究,并提出了工作建议。

2014年10月28日,定位于"决策咨询和监督管理机构"的上海图书馆(上海科学技术情报研究所)理事会正式成立。首届理事会成立至2017年2月已召开五次工作会议,审议通过了理事会章程、"十三五"发展规划、"信息公开制度"、"工作评价制度"、"年度报告制度"等事关未来发展的重要制度,对上海图书馆(上海科学技术情报研究所)的各项工作也提出了许多意见和建议。理事会对机构的发展和运行所发挥的积极作用已经显现,有效激发了机构活力。为此,中共上海市委常委、宣传部长董云虎对理事会的工作给予高度评价:上海图书馆(上海科学技术情报研究所)理事会成立一年来,各项工作有序推进,制度建设和内涵发展均成效显著。

本课题被文化部公共文化司评定为"优秀"。本书的出版对当前治理路径下的公共图书馆理事会制度探索与实践的研究具有指导作用和参考价值。

中国图书馆学会副理事长、上海市政府参事

2017年3月

目 录

序 ··· 1

1 绪论 ·· 1
   1.1 研究背景与意义 ··· 1
   1.2 研究内容与方法 ··· 2

2 国外公共图书馆法人治理政策研究及运行实践 ················· 6
   2.1 法律政策比较 ··· 6
   2.2 理论研究概况 ··· 12
   2.3 各国运行实践 ··· 14
   2.4 建设特点及治理经验 ·· 25

3 国内公共文化机构法人治理工作研究 ······························· 29
   3.1 公共文化机构法人治理环境 ····································· 29
   3.2 公共图书馆法人治理工作概况 ································· 33
   3.3 法人治理的产生、定位与运行模式分析 ··················· 39
   3.4 公共图书馆法人治理案例 ·· 45
   3.5 公共文化机构法人治理工作建议 ······························ 52

4 国内公共图书馆法人治理研究热点分析 ··························· 56
   4.1 文化事业单位法人治理研究概况 ······························ 56

4.2　图书馆法人治理研究热点分析 …………………………… 63
　　4.3　图书馆法人治理研究的特点与趋势 ………………………… 83
　　4.4　小结 ……………………………………………………… 88

5　上图情报所理事会运行实践、成效与问题分析 ………………… 90
　　5.1　理事会组织架构 ………………………………………… 90
　　5.2　理事会运行成效 ………………………………………… 95
　　5.3　理事会建设方向 ………………………………………… 102
　　5.4　小结 ……………………………………………………… 109

附件A　上海图书馆(上海科学技术情报研究所)理事会章程 ……… 117
附件B　上海图书馆(上海科学技术情报研究所)信息公开制度 …… 126
附件C　上海图书馆(上海科学技术情报研究所)年度工作评价制度 …… 129
附件D　上海图书馆(上海科学技术情报研究所)年度报告制度 …… 136
附件E　上图情报所理事会年度工作要点、计划和报告 …………… 138
附件F　"治理路径下的公共图书馆理事会模式探索与实践"调研问卷 …… 153

后记 …………………………………………………………………… 155

1 绪 论

1.1 研究背景与意义

西方国家的公共图书馆治理中管理主体的设置普遍采用理事会制。尤其是美英等发达国家,早在19世纪中期就有图书馆理事会的相关实践,迄今已建立相对完善的图书馆理事会制度。近年来,在国家层面的部署和推动下,为推进事业单位体制机制创新,我国包括公共图书馆在内的事业单位法人治理结构试点也逐渐开展起来。2011年3月,中共中央、国务院发布《关于分类推进事业单位改革的指导意见》,把健全法人治理结构作为推进公益服务事业单位改革的重要内容。[1]同年7月,国务院办公厅印发《关于建立和完善事业单位法人治理结构的意见》。[2]特别是党的十八届三中全会通过的《中共中央关于全面深化改革若干重大问题的决定》,将"公共文化机构建立法人治理结构、实行理事会制度"作为构建现代公共文化服务体系的重点任务之一。[3]2014年7月,文化部办公厅又印发《公共文化机构法人治理结构试点工作方案》。[4]国内公共图书馆积极开展法人治理结构试点,纷纷成立理事会。

我国对图书馆治理结构的研究始于2004年。随后,图书馆法人治理结构的研究开始引起广泛关注。目前我国公共图书馆理事会制度尚属试点阶段,因此,国内现有关于图书馆法人治理结构的研究基本围绕对国家政策的理论研究或对各自单位理事会制度执行情况的分析、总结与展望,而关于已试点的公共图书馆理事会制度单位所承担的职责、运行模式、效果等方面的综合概括和总结相对较少。大部分试点单位都呼吁政府职能部门转变职能以及通过制定配套的法律法规来保障理事会制度以实现真正的图书馆决策、监督和保障的科学化、规范化、提高服务效能的目标,但未对具体需要政府部门如何转变职能,图书馆还需要国家出台怎样的配套法律法规,图书馆理事会是否充分利用了既有政策法规形成的创新空间等方面进行详述。上海图书馆(上海科学技术情报研究所)理事会(以下简称"上图情报所理事会")于2014年10月28日正式成立,为上海市宣传系统第一家成立理事会的直属事业单位,已成立运行两年多,作了不少探索,积累了一些经验。对这些来自实践的经验加以理论总结,填补这一研究空白,是本课题研究的意义之一。上图情报所理事会运行以来,也难免面对不少问题,对这些思考进行总结提炼,正是本课题研究的意义之二。因此,对当前治理路径下的公共图书馆理事会制度探索与实践的研究具有重要的先导意义。

1.2 研究内容与方法

1.2.1 研究内容

本课题研究主要包括如下四部分内容。

第一部分是"国外公共图书馆理事会法律政策、理论研究及运行实践"。梳理了国外针对公共图书馆理事会的相关法律政策及理论研究情况;总结了美国、英国、澳大利亚、新加坡、日本、韩国等国公共图书馆理事会的实践;提炼国外公共图书馆理事会建设特点及治理经验;提出对国内公共图书馆理事会工作的借鉴。

第二部分是"国内公共文化机构及公共图书馆法人治理工作研究"。通过文献、问卷、实地考察等方式,梳理国内公共文化机构特别是公共图书馆法人治理工作的实践情况;总结国内公共文化机构特别是公共图书馆理事会在理事会的成立、成员构成和产生方式、功能定位与运行、运行配套保障等方面的实践特点;对国内公共文化机构特别是公共图书馆法人治理工作中的存在问题和解决方案进行探讨。

第三部分是"国内公共图书馆法人治理研究热点分析"。对国内关于公共文化机构特别是公共图书馆法人治理工作的研究文献进行梳理;并采用信息计量和可视化展示方法,从时间趋势、主要研究机构、主要研究者、主要发布刊物、热点研究内容和主题等角度对这些研究进行分析;依据分析结果,总结出图书馆法人治理研究的特点与趋势。

第四部分是"上图情报所理事会运行实践、成效与问题分析"。结合理事会章程等文件及两年多的运行实践,并与兄弟公共图书馆理事会工作作对比,以理事会组织架构各要素为纲,对上图情报所理事会的定位与职权,理事的构成、产生方式与委任程序,理事的任职资格与权利义务,理事会会议等方面进行梳理和介绍;分析总结理事会促进上图情报所制度建设完善、参与上图情报所重大决策、强化上图情报所社会公共服务职能等成效以及理事会决策地位尚未落实、法人治理环境下配套制度不完善、单位员工对理事会制度思想准备不足等有待解决的问题;并从强化理事会决策作用发挥、加强理事会在上图情报所管理方式创新中作用、推进法人治理的制度建设等方面,对下阶段理事会建设方向作了具体设想。

1.2.2 研究方法

课题研究采取定性分析和定量分析相结合,资料调研和实地调研相结合,研究人员分析与专家咨询相结合,并综合运用多种情报分析方法以提高结论的有效性。

(1) 文献调研。通过大量国内外文献资料,尤其是发达国家法律政策、公共图书馆理事会工作的研究与实践等一手资料的整理分析,把握国内外理事会工作研究与实践的最新态势。

(2) 情报分析。利用情报研究方法对资料进行整理和分析,尤其是运用文献计量法对国内法人治理研究热点进行研判,从而进一步指导理论研究和实践探索。

(3) 专题调研。研究期间,课题组走访调研国内不同层级的公共图书馆,并以发放调查问卷等形式,充分了解各馆理事会的工作基础、发展定位、政策需求等。

(4) 访谈咨询。以访谈咨询的方式了解政府、公共文化机构等在建立法人治理结构过程中的考虑、困惑,从不同层面了解公共文化机构建立法人治理结构中存在的问题。

1.2.3 研究特色

本书具有以下几点特色。

(1) 研究基础的实践性。国内公共图书馆法人治理结构试点实践的蓬勃开展、方兴未艾,首先确立了研究的意义基础。同时,国内公共图书馆理事会的实践特别是上图情报所理事会的自身鲜活实践,使本书具备了扎实的事实和案例基础,确保了研究的深度及研究成果的可操作性。

(2) 研究视角的系统性。通过国外、国内、本单位三个层面的结合,提供全面系统的分析。国外层面,分析发达国家公共文化机构理事会的法律政策、研究热点及运行现状,在政策支持、制度建设、决策支撑等方面形成总体把握;国内层面,分析公共图书馆法人治理研究热点分析,并对工作现状进行摸底调研,掌握国内最新发展态势;单位层面,则通过系统总结上图情报所理事会运行实践、成效与问题,力求提炼国内公共图书馆法人治理结构的实践模式,并提出工作建议。

(3) 研究内容的前瞻性。党的十八届三中全会以后,为推进事业单位体制机制创新,国内公共图书馆积极开展法人治理工作,相继成立理事会,业界学者也对事业单位法人治理进行了理论探索与研究,随着体制改革的不断深入,法人治理研究越来越成为热点。

(4) 研究方法的科学性。充分发挥上图情报所"图情合一"的研究优势,积极探索运用科技情报研究的专业方法。尝试利用文献计量学中的文本挖掘、聚类分析等方法解读国内公共图书馆法人治理研究的现状,并通过知识图谱的方式直观地展示该领域内的研究热点,通过定量数据分析了解公共图书馆法人治理研究的整体研究态势、主要研究力量、研究合作模式等,为进一步的模式探讨和实践探索提供数据支撑。

2 国外公共图书馆法人治理政策研究及运行实践

2.1 法律政策比较

为广泛借鉴国外成熟经验,课题组对国外公共文化机构法人治理结构相关法律政策进行了研究分析。图书馆作为国外发展较为成熟的公共文化机构,其相关制度建设历经百余年发展,已较为完善。发达国家的图书馆理事会通常由法律认定,并受法律保护和约束。例如,美、英、澳、韩、新加坡等国的各级图书馆法或专门法中明确规定,要求采用理事会作为图书馆的管理主体。国外法人治理结构中,承担决策管理职能的机构名称并不一致,除"理事会"外,还有"委员会"、"董事会"、"管理委员会"等,为了表述方便,本课题将与这些机构相关的法律、政策规定一并纳入相关法律、政策内容中进行讨论。课题以图书馆为切入点,以英国、法国、德国、澳大利亚、印度和南非等7个国家的国家图书馆法为例进行研究分析,对其中有关理事会制度建设的内容和要求进行简要整理(表2-1)。[5]

英国的《大英图书馆法》规定公共图书馆事务由国家文化新闻体育部部长负责,其职责包括"保证由该法形成的(地方)图书馆理事会监督当地图书馆功能的妥善实施",点明了政府需通过地方图书馆理事会间接管理图书馆事务。新加坡的《国家图书馆管理局法》规定了新加坡国家图书馆管理局的

表 2-1 国外国家图书馆法一览

国 别	名 称	实施时间	相 关 内 容
英国	大英图书馆法	1972年7月	大英图书馆委员会的权利、组成及成员资格、顾问委员会的设立等
印度	国家图书馆法	1976年6月	国家图书馆委员会的权利、组成、委员会会议的召开、图书馆馆长的任命等
法国	国家图书馆法	1994年1月	国家图书馆理事会的职责、成员、理事会会议的召开、国家图书馆科学委员会的设立及成员
新加坡	国家图书馆管理局法	1996年修订	国家图书馆管理局的职能、组成、权利、执行总裁和委任董事、设立顾问委员会等
南非	国家图书馆法	1999年11月	国家图书馆委员会的权利、委员会的组成及成员、委员会会议的召开、图书馆首席执行官的任命等
德国	国家图书馆法	2006年6月	国家图书馆管理委员会的权利与组成、管理委员会对馆长的授权、顾问委员会的设立等
澳大利亚	国家图书馆法	2011年修正	国家图书馆管理委员会的组成、主席和副主席、管理委员会会议、国家图书馆馆长等

建立、组成、功能和权利。澳大利亚《国家图书馆法》明确规定了图书馆理事会的人员设置等。美国的公共图书馆系统大多依法设立理事会,如伊利诺伊州的《服务公众:伊利诺伊州公共图书馆标准》规定:图书馆由理事会管理,理事会任命一名具备专业认证资格者来管理图书馆;理事会拥有控制图书馆所有财产以及对募集或受赠资金合理支出的专权;图书馆管理者每月要向理事会呈交关于图书馆运行的书面报告等。

课题组围绕理事会的职能定位、职权范围、成员构成、决策支撑体系以及管理层权责等问题,对国外相关法律法规进行分析。

2.1.1 理事会的职能定位

法人治理结构中,理事会一般作为决策监督机构,对涉及本机构发展的重大事项负有决策、监督、审议和咨询等职权。德国《国家图书馆法》第六条规定:"管理委员会有权决定一切对图书馆及其发展具有根本意义或重大经济意义的事宜。"

2.1.2 理事会的职权范围

根据理事会职能定位的不同,其行使决策、监督、咨询、议事等职权的范围也各有差异。主要包括:一是发展规划与重大方针政策的制定,如南非《国家图书馆法》规定:"委员会具有下列职责:与部长商讨国家图书馆的方针政策……"二是人事任免,如南非《国家图书馆法》规定:"委员会有权按需任命国家图书馆的员工;国家图书馆首席执行官由委员会任命;委员会有权决定国家图书馆员工的薪酬、津贴、服务条件、补贴及其他福利等。"三是财务管理,如德国《国家图书馆法》规定:"管理委员会主要负责制定财政年度预算。"

2.1.3 理事会的成员构成

理事会一般由若干数量的理事组成,同时通过适当形式产生理事长。国外现行法律、政策对理事会的成员来源、任职资格、产生方式等做出了规定。

1. 成员来源

理事会成员一般包括立法机关及政府部门代表、公共文化机构负责人或相关部门代表、社会代表及相关专业人士等。表2-2列出了国外图书馆法律法规中关于理事会成员构成情况的规定。

表 2-2　图书馆理事会成员构成情况的规定

理事会名称	立法机关及政府部门代表/人	比例	图书馆界代表/人	比例	相关社会机构及专业人士代表/人	比例	总计
印度国家图书馆委员会	10	33%	6	20%	14	47%	30
德国国家图书馆管理委员会	7	54%	0	0	6	46%	13
法国国家图书馆理事会	9	45%	5	25%	6	30%	20
澳大利亚国家图书馆管理委员会	2	17%	1	8%	9	75%	12

关于公共文化机构负责人与理事会关系的问题,国外大多法律文件明确规定公共文化机构负责人为理事会的当然成员。如印度《国家图书馆法》规定,"图书馆馆长,任委员会秘书";南非《国家图书馆法》规定,"国家图书馆首席执行官是当然的委员会成员";法国《国家图书馆法》规定,"法国国家图书馆理事会除馆长外,还包括 19 名成员";澳大利亚《国家图书馆法》也明确该馆管理委员会成员中应包括馆长。

2. 任职资格

现行政策对理事会成员的任职资格做出了一些具体要求或限制,主要体现在个人行为能力和专业水平等方面,还有部分理事会针对考核成员的履职情况引入退出机制。

一是要求具备一定的个人行为能力。如印度《国家图书馆法》规定:"有下列情况之一的,不得被提名或选举为委员会或执行理事会成员：1. 因涉及道德卑劣的罪行而被定罪并处以监禁的；2. 有未清偿债务且无力偿债的；3. 被管辖法院宣告为精神失常的……"

二是要求具备相应的专业水平。如《大英图书馆法》规定:"国务大臣在选任大英图书馆委员会的委员时,应考虑在图书馆或大学事务、财务、企业或者管理方面具有知识和经验的人。"

三是根据对履职情况的考察设定退出机制。如南非《国家图书馆法》规定:"委员会成员在下列情况下必须离职:……4.未经委员会准许连续三次缺席委员会会议。"澳大利亚《国家图书馆法》规定:"总督任命的管理委员会成员无法胜任工作的、工作效率低下的或者行为不端的,总督可以终止其任职。"

3. 产生方式

国外公共文化机构理事会理事的产生方式主要有以下两种。

一是通过委任产生。如德国《国家图书馆法》规定,其管理委员会的13名成员中,应包括德国联邦议院"派遣"的两名代表和德国联邦政府"派遣"的三名代表;法国《国家图书馆法》规定,理事会中的4名国际文化、科学和经济领域的知名人士,应"由文化部部长通过法令指定人选";澳大利亚《国家图书馆法》规定,其管理委员会中应包括9名"由总督任命的,在其看来可以他们的知识和经验全面推动图书馆发展的人员"。

二是通过选任产生。如法国《国家图书馆法》规定,理事会中的4名职工代表和2名用户代表应"由文化部部长通过法令确立选举方式";印度《国家图书馆法》规定,图书馆委员会中的4名印度各大学代表,应"以规定的方式提名"。

关于理事长(或委员会主席)的产生,国外大多规定理事长由有关部门或领导直接任命。如南非《国家图书馆法》规定:"部长有权在委员会成员中任命委员会主席。"澳大利亚《国家图书馆法》规定:"总督可以在其任职期间指定其所任命的成员中的1名成员作为管理委员会主席。"

2.1.4 理事会的科学决策支撑体系

为确保理事会的科学、民主决策,国家图书馆法普遍对理事会的议事规则、专业委员会设置,以及决策监督机制等做出了详细规定。

1. 议事规则实行会议制和票决制

国外大多数法律政策明确要求公共文化机构理事会通过召开定期或不定期会议来行使决策权力,并通过票决的方式决定重要事项。

一是定期举行会议。如南非《国家图书馆法》规定:"委员会每年至少举行两次会议,时间、地点由委员会决定。"法国《国家图书馆法》规定:"理事会由主席召集开会,并确定会议日程,每年不少于三次。"

二是对讨论事项须由成员投票表决,多数同意方可通过。南非《国家图书馆法》规定:"委员会会议每次必须由多数委员会成员参加才有效;就任何事项的决议必须经由出席会议的过半数的委员通过方才有效;当赞成票和反对票相等时,会议主持人拥有除以委员身份拥有商讨性投票之外的决定性一票。"法国《国家图书馆法》规定:"理事会须至少半数以上成员、成员代表或候补人员参加会议才有效……会议决议须由出席会议成员或其代表投票超过半数才能通过。如遇平票,由主席裁决。"

2. 专业委员会设置

为实现对公共文化机构的专业治理,保证理事会决策的科学性,国外法律政策多要求理事会设立若干由专业人士组成的专业委员会,为理事会决策提供参考咨询意见。如新加坡《国家图书馆管理局法》规定:"管理局……也可以委任顾问委员会针对图书馆的运营和服务提供建议。"德国《国家图书馆法》规定:"顾问委员会可就一切与国家图书馆相关的事宜向管理委员会和馆长提供建议。"

2.1.5 理事会制度下管理层的权责

在理事会制度下,公共文化机构管理层应成为理事会决议的执行人,受理事会监督,并根据理事会的决策独立进行本单位的日常业务、财务、人员等的管理活动。一是明确要求管理层向理事会负责,执行理事会决议。法国《国家图书馆法》规定,"法国国家图书馆馆长领导全馆工作",馆长筹备理事会商议,并执行决定","馆长向理事会述职"。二是赋予管理层独立开展日常管理工作的权利。法国《国家图书馆法》规定:"法国国家图书馆馆长领导全馆工作。……馆长管理人事,馆长聘任合同人员,对正式员工工作分配提出建议,考试竞聘岗位除外,馆长领导全馆员工,并将分配他们到不同岗位工作;馆长安排机构的收支;馆长签署在与机构的相关协议中是法定代表人;馆长代表机构出席司法和各项社会事务。"三是允许理事会对管理层负责人给予有限授权。德国《国家图书馆法》规定:"管理委员会主席……有权将若干权限授予国家图书馆馆长",在此基础上,《德国国家图书馆章程》进一步规定,"任免《联邦俸给条例A》中所涉及的图书馆公职人员的权利转交给馆长"。

2.2 理论研究概况

在英、美等国家,公共图书馆治理实践的历史可追溯到19世纪中期。"法人治理结构"(corporate governance)一词最早于20世纪70年代初由美国经济理论界提出,是基于公司所有权与控制权分离、为实现股东与利害相关者的利益而形成的一整套权力和利益分配与制衡的法律体系和制度规范。法人治理结构作为一种权力制衡机制已成为现代企业制度的核心,被证明是一种解决所有权与经营权相分离及由此带来的委托代理问题的有效制度安排,并逐渐被引用到西方非营利组织和公立机构治理领域。[6]总而言之,法人治理结构实质上就是关于法人决策机构、执行机构和监督机构三个部分的权利、责任和利益的制度安排。通常情况下,其决策机构的建立常以成立理事会的方式实现。

理事会的组建和成立标志着公共机构正式进入探索构建法人治理结构的进程。西方国家的公共图书馆治理中管理主体的设置普遍采用理事会制,尤其是英、美等发达国家,早在19世纪中期就有针对图书馆理事会的相关讨论与实践,迄今建立了相对完备的图书馆理事会制度。

国外关于图书馆理事会制度的研究探索,主要集中在英、美两国,部分具有代表性的文献和著作如下。

Bond E.：*The Library Trustee and the Public Relations Program*,1942；Munro J. E.：*The role of the library trustee*,1962；Young V. G.：*Library trustee, a practical guidebook*,1964；Blasingame R.：*Survey of Ohil Libraries and State Library Services. A Report to The State Library Board*,1968；Prentice A. E.：*The public library trustee: Image and performance on funding*,1973；Neveu J.：*Discreteparameter martingales*,1975；Manin Y. I.：*Cubic forms: algebra, geometry, arithmetic*,1986；Evans E. J. A.：*The Ghana Library Board*,1963；Biggs M.和Kramer G.：*We Have Been There, Too: Library Board Essentials for Effectiveness*,1994；Christenson J.：*Role of the public library trustee*,1995；Ramachandran R.：*The "National" Role of the National Library Board of Singapore*,1999；Skjærvø P. O.：*SimsWilliams U. Khotanese manuscripts from Chinese Turkestan in the British Library: a complete catalogue with texts and translations*,2002

从近年的研究成果来看,国外针对公共图书馆理事会的理论研究主要可以概括为以下3个方面。

1. 关于理事会在图书馆运作过程中所发挥作用和职能的研究

作为图书馆管理主体,国外图书馆理事会的一般职权包括：制定图书馆发展战略规划和政策；审批图书馆年度工作计划和财务预算方案；审议图书馆年度报告和财政收支状况；监督图书馆公共资金使用情况；审议图书馆绩效考核指标和服务标准；聘任图书馆馆长,并评价馆长的工作绩效；审议图书馆人事制度和政策；提供合适的图书馆职员薪酬分配方案。近年来,国外关于图书馆理事会职能的研究方向已有进一步创新和拓展,包括：直接参与图书馆用户需求的了解和反馈；向公众传播图书馆的各类政策和功能；帮助图书馆拓宽经费来源和资助渠道等。

2. 关于图书馆理事会构成人员的研究

这类研究侧重于分析图书馆理事会内部各构成因素，尤其是人员因素对实现组织有效运行的影响。主要研究内容包括：图书馆理事会成员的重要性；理事会成员的特征以及所应具备的经验、知识、技能和素质；理事会成员绩效评估；对理事会成员的专业培训；理事会成员的类型和组成结构；理事会成员的任命和换届选举等。相关研究成果均反映出理事会成员的状况对理事会及图书馆的整体服务、管理和发展形势存在重大影响。

3. 关于图书馆理事会与执行层之间关系的研究

相关研究主要集中在图书馆治理结构中决策层与执行层之间的角色定位和互动协作。重点涉及理事会成员如何与图书馆管理者共享信息资源，以及如何保持双方职权的平衡等方面。研究显示，国外图书馆理事会通过图书馆法和理事会会议，确定图书馆总体发展战略、规划；审批图书馆年度工作目标与任务、财务预算方案、服务管理运作与使用以及项目政策；审议图书馆绩效考核指标和服务标准。图书馆执行层直接对图书馆组织机构、日常运作和岗位设置，以及策略形成和服务项目实施负责。图书馆理事会与执行层须建立良好的沟通渠道，执行层须在理事会会议上通报图书馆进展情况、图书馆需求及存在或面临的问题。双方存在分歧时，必须以非个人方式处理。涉及图书馆政策问题和优先发展服务问题最终由理事会做出裁决。

2.3 各国运行实践

早在 1848 年，美国马萨诸塞州就产生了早期的图书馆理事会制度。目前，大部分发达国家的公共图书馆都拥有比较先进的图书馆理事会实践经验。

2.3.1 美国

美国公共图书馆理事会是一种脱离政府直接控制的准政府组织。历史上,图书馆理事会制是"社会图书馆"(social library)时期普遍采用的管理模式,此时的理事会是一种非法人组织。1848年3月,波士顿市议会通过一项法案,允许市政府创建公共图书馆,但没有确定管理主体的组建形式。因此,公共图书馆继承了"社会图书馆"时期的理事会制。当时,图书馆理事会由议会上、下院议员各1名和市民代表5名组成,理事由两院全体议员选举;市议会只保留任命馆长和决定其薪金的权力,其余权力全部归属理事会,包括监督图书馆的预算、制定图书馆规章制度、任命其他馆员等。然而,图书馆创建者对市议会保留馆长的任命权表示不满。最终,州议会于1887年通过一项专门法案,正式组建"波士顿城市公共图书馆理事会",并授予其管理图书馆的全权,由此真正形成美国公共图书馆治理中管理主体设置上的理事会制。自此,波士顿公共图书馆所创立的图书馆理事会制逐渐被多国效仿。

美国国家层面的公共图书馆理事会制度始于1970年由尼克松总统建立的"全国图书馆学信息科学委员会"(National Commission on Libraries and Information Science,NCLIS)。NCLIS成员有16名,其中2名(国会图书馆馆长1名、博物馆与图书馆服务协会会长1名)是当然委员,但不具投票权,另14名由参议院推荐和批准,由总统任命,任期5年。现有委员中有律师、退休图书馆馆长、房产经纪人、杂志编辑、演员、历史学家等。NCLIS是决策咨询机构,非行政管理机构。其职责包括:发现美国人民对于图书馆和信息服务的需求;将这些需求转变为国家的政策建议,从而满足人民的需求;向总统、国会、州政府和地方政府提供有关国家政策实施的咨询。[9]

美国州层面及州以下的公共图书馆理事会通常分为监管型理事会(或管理委员会)和顾问型理事会(或咨询委员会)。[14]监管型理事会是图书馆实际管理层和最高决策层,拥有决策制定权和行政管理权,图书馆馆长由理事会任命。顾问型理事会不具有参与图书馆实际运行管理和决策制定的实权,而是为馆长决策、图书馆管理提供参考意见和建议,扮演联系图书馆、地方政府和公众的角色,其设立依据图书馆的实际规模、服务人口、工作需要而定。表2-3为监管型理事会与顾问型理事会的职责对比。[15]

表2-3 监管型理事会和顾问型理事会的职责对比

序号	对比内容	监管型理事会职责	顾问型理事会职责
1	馆长任命	任命图书馆馆长,并对其工作进行评估和考核	提名图书馆馆长人选
2	制定工作任务及条例	决定图书馆的任务、目标,并制定图书馆管理条例	对图书馆管理条例提供参考性意见
3	制定经费预算	为图书馆筹集经费,并制定年度预算	帮助、参与筹集图书馆经费,为经费预算提供意见和建议
4	制定发展规划	制定图书馆中长期发展规划,评判图书馆实际工作中的优点和不足	帮助、参与制定图书馆中长期发展规划,评判图书馆实际工作中的优点和不足
5	立法	熟悉地方、州和联邦的法律体系,积极参与制定公共图书馆立法	
6	参加组织	理事会成员可以建立、资助、参与某个或多个与图书馆服务有关联的公共机构	
7	参加理事会	参加理事会会议,并确保参会内容都记录在案	
8	参加业务研讨会	参加各类图书馆业务研讨会	
9	业务	熟悉州内公共图书馆各项服务	
10	工作汇报和公关	定期向政府部门和公众进行工作汇报,处理图书馆公关事务	
11	评估反馈	完成对图书馆工作的评估和反馈	

各州相关法案均对图书馆理事会作出规定。以纽约州为例,该州要求其图书馆理事会尽可能熟悉主要的法律内容以保证所制定的决策符合法律规

定,并积极向法律顾问征求意见。《纽约州教育法》(New York State Education Law)及《理事规则》(Commissioner's Regulation)均对图书馆理事会权利进行了规定。[16]纽约州图书馆理事会的职责包括:创造和发展图书馆;选拔、雇佣和定期评估图书馆馆长;为图书馆的服务项目争取到足够的资金;在使用公共和私人基金时行使理事职责;就图书馆的管理和使用采取恰当的政策和规则;定期评估图书馆的服务计划;保持设施满足图书馆和社区的需求;促进当地和全社会图书馆事业的发展;以开放且符合伦理规范的方式开展图书馆业务,确保其符合法律法规的规定并尊重相关工作人员和公众。[17]

作为纽约州乃至全美最大的公共图书馆系统,纽约公共图书馆为实现对分馆的统一管理,只在总馆层面设置理事会。理事包括表决理事、名誉理事和终身理事。表决理事一般由提名委员会提名,经理事会表决产生,任期3年,可连任,其中有4名当然理事来自政府相关部门的授权任命。名誉理事由连续担任两届理事、持续服务两个3年任期,其间对图书馆及社会有突出贡献、卸任时年龄为70~75岁的理事组成,任期1年。终身理事由理事会考核已卸任理事的工作表现进行任命,且无任期限制。从具体职责看,只有表决理事拥有投票表决权,名誉理事和终身理事能参与相关事宜的讨论,但不具表决权。[18]

纽约公共图书馆理事会设立有若干常务委员会和特殊委员会。其中,常务委员会一般只由表决理事和终身理事组成,但理事会可任命非理事担任任意常设委员会或其下属小组委员会的顾问、不投票成员。特殊委员会则是理事会根据特殊事务增设的机构,在特殊事务处理完毕之后即可解散。此外,理事会已形成较为完善的内部分权制衡机制和外部监督约束机制。前者主要体现在职能分工机制、用人机制、薪酬分配机制和绩效评价几方面,促使各部门及工作人员明确职责范围,并有效对其进行绩效评价与监督;后者依靠政府和社会对图书馆进行监督。[19]

2.3.2 英国

根据英国现行的《公共图书馆和博物馆法案》,公共图书馆事务的管理由英国国家文化新闻体育部部长负责,英国政府通过地方图书馆理事会间接管理图书馆事务。2000年,英国成立了国家层面的公共文化机构理事会——博物馆、图书馆和档案馆委员会(MLA),专门负责制定图书馆、档案馆和博物馆的国家宏观战略规划。该委员会与中央政府的文化主管部门不存在行政隶属关系,而是作为中介机构和咨询机构,为包括图书馆在内的公共文化事业发展提供咨询、评估和拨款。[13]

《公共图书馆和博物馆法案》规定,在英格兰和威尔士各有一个图书馆顾问委员会,其职责是向国务大臣提出有关图书馆的提供及使用方面的建议,各委员会的程序由其自行决定。同时英格兰和威尔士还存在由两个或多个图书馆理事会共同建立的图书馆联合理事会,本地理事会成员可依据规定成为联合理事会的成员。[20]北爱尔兰地区图书馆管理机构是教育和图书馆理事会,北爱尔兰教育部向其划拨经费。各教育和图书馆理事会之下还设有图书馆委员会,负责执行理事会委派的任务。1986年,《北爱尔兰教育与图书馆条例》在规定理事会向所辖地区市民提供图书馆服务责任的同时,还规定了为使各理事会更高效地行使其职能,每个理事会可以与其他任何理事会(无论一个或多个,无论在北爱尔兰地区以内或在其以外)开展合作。可以说,这既体现了图书馆管理主体之间的联合,也体现了其建设主体之间的联合。[21]

在英国,公共图书馆理事会被视为政府的代理机构(agencies)、公法行政实体(public law administration)或非部门公共实体(non-departmental public bodies),它是"不属于政府部门但在一定程度上受到政府管理,并承担一定职能的机构",是处于政府部门和图书馆之间的一种准自治机构。[23]

以大英图书馆理事会为例,其依据《大英图书馆法》建立,确立由利益相关方共同参与治理的组织架构和运行机制,实施图书馆的决策权、管理权、监督权"三权分立"的法人治理结构。大英图书馆理事会属于"执行性非政府公共机构"(executive non-departmental public body),其职责是领导和管理大英图书馆履行国家图书馆使命,将大英图书馆建设为国家级科技与人文参考中心、研究中心、书目中心和信息服务中心等。

理事会由 8~13 名成员组成,其中一名由女王任命,其他由文化新闻体育部部长任命,每届任期 4 年,最多可连任两届。理事中至少有一名必须担任专职常务理事,且在部长任命的理事中必须有一名对苏格兰事务十分熟悉。理事会主席由部长直接任命。[24]大英图书馆馆长由常务理事担任,负责图书馆的组织管理、人员安排等,拟订和执行战略规划。馆长通常还兼任财务主管,负责处理资金事务。首次当选的理事需参加由英国国家政府学院(NSG)提供的入职培训,学习掌握图书馆业务运行的各个方面。理事职责包括:监管图书馆公共资金的使用情况、监督图书馆战略目标实施情况、为图书馆谋取最高利益、不为个人利益误导公众、独立于党派政治、不无故缺席理事会会议、避免参加有潜在利益冲突的会议等。理事会一年召开 6 次会议,讨论并制定图书馆战略发展方向,批准年度工作计划和预算,对业务工作绩效和管理目标进行监督等。[25]

再以伦敦图书馆为例,其依据《皇家章程条例》于 1933 年开始实施法人治理。理事会作为图书馆决策层,负责重要事务决策和政策修订。理事会通常由 10~14 名理事组成,均由会员大会①选举产生,理事长由理事会选举产生。理事须为年满 18 岁的全权会员②,希望当选理事的全权会员必须事先获得理事会提名委员会的提名,得到理事会认可,并在会员大会中获选。理事(不含理事长和财务委员)任期一届 4 年,但连任一般不超过 8 年。若理事同

---

① 根据《皇家章程条例》,伦敦图书馆沿袭传统会员制方式,向公众提供服务。会员资格开放申请,任何公众只要向图书馆提出申请,经审批后即可成为图书馆会员。

② 全权会员是指有权充分利用图书馆资源与服务,并拥有参加会员大会资格的会员。

时担任理事长或财务委员,其任期不超过 10 年,离任 1 年后,可再次参选理事。

理事权利包括:参与理事会决策;提议召开理事会会议;向理事会提出条例、规则修订及其他建议;对图书馆执行层进行监督。理事会下设建筑项目、条例规章、财政审计、理事提名、报酬评估、发展规划和风险管理等七大专门委员会,并聘任各类顾问和临时理事。理事会的职责包括:修订图书馆政策;授权成立专门委员会;决定理事候选人;选举产生理事长和财务委员;委任图书馆馆长、临时理事、各类顾问;修订会员会费收费标准;组织召开会员大会;采纳会员建议;保护图书馆财产安全;制定图书馆未来发展规划。

伦敦图书馆的执行层实行馆长负责制。理事会委任馆长,由馆长挑选高级管理人员组建执行层,负责落实理事会决议,处理图书馆业务工作和行政事务。由于理事由会员大会产生,因此其必须接受会员监督。会员可以就图书馆各项事务提出建议,提交会员大会讨论,也可向理事会提议,由理事会会议讨论决策。会员大会有权罢免不合格理事。会员同时通过理事会年度工作报告及财务报表对理事会工作进行监督。[26]

2.3.3 澳大利亚

1988 年,澳大利亚国家层面的图书馆和情报服务理事会(ACLIS)正式成立。理事会的主要工作目标为:鼓励澳大利亚图情资源和服务的发展和有效利用;促进和鼓励澳大利亚图情资源和服务的合作;就澳大利亚图情资源的发展、改进和协调等问题向政府和公职部门提供政策咨询;促使联邦、州及领土区政府采纳有效的政策和计划;就会员共同关心的问题进行有效的公开辩护;鼓励关于澳大利亚图书馆资源和服务的研究和发展;与关心澳大利亚图情服务理事会工作的其它组织保持有效联系。

ACLIS 的决策机构是通过选举产生的国家委员会(national council),其专门负责制订方针政策,由13名成员组成,包括8名各州和领土区的代表、国家图书馆馆长和4名从全体会员中选出的代表,成员任期为2年,每年改选一半。国家委员会下设4个分委会:政策和宣传委员会、图书馆和情报服务委员会、合作活动委员会和研究发展委员会。理事会主席和副主席由国家委员会选举产生,任期1年。理事会总部设在堪培拉的国家图书馆内,由4名国家图书馆工作人员组成的秘书处负责其日常工作。[27]

澳大利亚所属的每个州都是根据本地区图书馆事业发展的实际情况和需要来制定图书馆法、发展政策和管理方式的。[28]各州图书馆法中都明确规定设立州图书馆理事会,州政府通过图书馆理事会具体实施对州内图书馆相关事务的监管,图书馆理事会的主席或副主席由所属部门部长提名,成员则由地方政府协会(LGA)等组织提名,最终由州总督任命。

澳大利亚各州图书馆理事会的职能和权限包括:制定服务政策与指导纲领,为所属部门部长和地方政府提供相关政策咨询;管理州立图书馆;建立和完善公共图书馆馆藏和服务以满足公众需求;鼓励公众利用公共图书馆的资源和设施;向部长、地方图书馆、其他公共当局提供参考咨询和信息服务;促进、帮助和鼓励地方政府建立和运营公共图书馆服务;向地方图书馆和信息服务点提供管理和运营咨询;有效协调地区内图书馆的相互合作;设立委员会并委任委员会成员;为图书馆从业人员提供专业培训以达到行业协会的相关标准;接受自愿捐赠的财产和物品;管理被授予的所有财产;管理政府拨款,就州政府拨款事宜向所属部门部长提供建议;监督和检查州内图书馆运营和服务的情况;对州内图书馆服务进行评估;在规定日期向所属部门负责人提交该财年的活动报告等。

各州图书馆强调其理事会成员的工作经验、专业水平和个人能力,有些州的法律对成员的居住地及性别比例做了一定的限制,体现了公平性和代表性。表2-4为澳大利亚所属6个州对图书馆理事会成员的要求。[29]

表 2-4 澳大利亚各州图书馆法对理事会成员构成的规定

州 名	规 定
新南威尔士州	理事会的成员须包括： (a) 至少一名成员了解教育领域或从事教育工作； (b) 至少一名成员了解地方政府管理或具有在地方政府工作的经历。
昆士兰州	被任命的成员必须具有对理事会行使职能做出贡献、实施理事会的战略和运营计划的能力。
南澳大利亚州	(1) 理事会由 8 名成员组成，州总督任命： (a) 3 名由地方政府协会(LGA)提名的成员须具备以下任何条件的组合：(i) 地方议会议员；(ii) 公共图书馆员；(iii) 地方议会的社区信息人员；(iv) 任何地方议会的雇员；(v) 具有地方政府工作经验的人员； (b) 其他成员由部长提名。 (2) 成员中应至少有两名女性成员，或至少有两名男性成员。
塔斯马尼亚州	(1) 主席由部长提名； (2) 由部长从塔斯马尼亚地方政府协会(LGA)提交名单中选出 4 名代表： (a) 至少有一名成员来自北部地区； (b) 至少一名成员来自西北部地区； (c) 至少一名成员来自南部地区。
维多利亚州	(1) 理事会由 7 至 11 名成员组成，部长提名，总督任命，其中至少有一般的成员应满足如下 1 或 2 项： (a) 在维州具有符合理事会功能的高级学术职位； (b) 具有商业管理、金融或市场等领域的工作经验； (c) 具有地方政府、图书馆或信息技术等单位工作的经验； (d) 在教育、人文等符合理事会功能的专业领域具有特别成就。 (2) 理事会被任命遵循子款(1)的成员中至少有一名成员应不居在大都市地区。
西澳大利亚州	(1) 理事会中的一名成员将由《学校教育法 1999》中 228 款提到的行政主管官员担任，一名成员应由艺术部的行政主管官员担任； (2) 由部长在如下六个组织中的三名提名名单中选出居住在西澳大利亚州的一名代表作为理事会成员： (a) 代表澳大利亚图书馆和信息协会； (b) 代表珀斯市； (c) 代表弗里曼特尔市； (d) 地方政府协会(LGA)推荐代表大都市地区； (e) 地方政府协会(LGA)推荐代表市、镇地区； (f) 地方政府协会(LGA)推荐代表郡地区。

2.3.4 新加坡

1995年,新加坡成立了国家图书馆管理局(National Library Board Singapore,NLB)。该机构为一个法定机构,依据国会专门法律成立,管理公共事务或提供公共服务,其由新加坡通讯及新闻部管辖。NLB监管着新加坡国家图书馆、26个公共图书馆以及新加坡国家档案馆。决策、执行、监督相分离是NLB法人治理结构的主要特点。

董事会是NLB的决策机构,设主席、副主席各一名,其他董事会成员10至20名,成员及其任期均由主管部门的部长任命和决定。根据NLB法案,NLB董事会可以委任一定数量的委员会,由董事会成员和(或)其他人员组成。董事会成员领导7个委员会,包括:审计委员会、建设委员会、财政委员会、国家图书馆咨询委员会、公共图书馆咨询委员会、创新及科技咨询委员会、国家档案馆咨询委员会。其中,建设委员会指导人力资源政策的制定,并且每季度审查人力资源规划。[30]

NLB法案规定董事会的职能主要包括11个方面:(1)建立和维护公共资助的图书馆,提供信息服务;(2)通过使用图书馆及其服务以促进阅读和鼓励学习;(3)获取并维护与新加坡及其人民有关的全部图书馆馆藏资源;(4)制定并维护国家联合目录及国家书目;(5)采取适当措施,获取、维护和保存图书馆资源;(6)维护图书馆建筑的内部秩序;(7)调整图书馆开放的日期与时间;(8)确立图书逾期归还或损坏公物等行为的惩罚手段;(9)通过合法的方式筹集资金和接受捐赠;(10)与国外图书馆及信息提供者建立联络、开展合作;(11)就有关新加坡图书馆信息服务事宜向政府提供政策建议。[31]

此外,NLB还设有由总裁、副总裁、助理总裁、馆长及各部门负责人等16名高级管理人员组成的NLB管理团队,负责执行董事会决策,并按照董事会制订的政策,管理NLB事务。[32]高级管理人员与中级管理人员(包括副馆长、馆长助理以及各部门副职)、专业人员(图书馆员等)、辅助专业人员及支撑保障人员等,共同组成 NBL 的员工队伍。其中,由高级管理人员组成的管理团队是所有员工的核心,总裁则是管理团队的核心,由董事会任命,但须经部长批准。总裁与董事会主席共同对 NLB 负责,每年年报由两人共同发言,经审计的财务报告需由两人共同签字。NLB 管理团队的主要职责包括:(1) 制定战略规划;(2) 确定 NLB 的使命、愿景和核心价值;(3) 确定和实施中短期计划。管理团队主要采取 CPR(corporate planning and review exercise,公司规划与审查)作为其主要运作机制,重点开展 NLB 各项规划和计划的制定、审查及修正。[33]

NLB 的监督机制由内部监督机制和外部监督机制构成。NLB 的内部监督主要由董事会及其下属的委员会负责。财政委员会举行季度例会,审查审计计划、内部控制和财务状况,并将审查结果向董事会报告。NLB 内部审计单位进一步加强了 NLB 的公司治理。内部审计单位直接对财政委员会主席负责,并在行政上对总裁负责,它决定了 NLB 的风险管理,控制和治理过程是适当且有效的。这包括评估财务和经营信息完整性的评估政策、程序及系统,符合法律和规章,从而经济有效地利用各项资源。[32] 建设委员会每季度审查人力资源计划,并且监督 NLB 员工的道德行为。外部监督方面,NLB 同时接受新加坡慈善理事会、上级主管部门新加坡通讯及新闻部及其他利益相关方等的监督。NLB 作为在新加坡慈善理事会登记注册的慈善团体,遵守慈善理事会倡议的"慈善团体和公益机构治理准则"中的治理建议,每年必须向其提交"治理评估清单"。同时,NLB 虽然是独立法定机构,但其董事会主席和成员以及管理团队的任命、总体发展战略规划以及绩效考核目标等均需经过主管部门的决定和批准。此外,NLB 的使命、愿景、核心价值,董事会成员、管理团队,年报,经过审计的财务报表等信息均公布在 NLB 网站上,供各利益相关方了解访问。NLB 还通过建立多元化沟通渠道或机制,以获得社会及时反馈、接受社会监督、了解社会需求。[33]

2.3.5 日本、韩国

日本不同层级的公共图书馆分别由当地政府的教育委员会管理。日本《图书馆法》规定,公共图书馆一般设有图书馆协议会,主要负责解答馆长关于图书馆经营活动的咨询,并就图书馆服务提出意见和建议。图书馆协议会的委员须由当地教育委员会任命,人选通常是从事学校及社会教育的专业人员。同时,创办该图书馆的地方公共团体在其条例中对图书馆协议会的设置、人数、任期及其他必要事项予以明确规定。馆长主持图书馆的全面工作,监督员工履职情况,致力于图书馆服务功能的开发与创新。协助馆长的专业职员称为司,主要负责图书馆的专业事务管理工作。[34]

在韩国,2006年新修订的《图书馆法》明确规定,"为了制定、审议、调整图书馆政策的重要内容,在总统属下设置图书馆信息政策委员会""为了审议均衡发展辖区范围内图书馆及消除知识信息差距的主要内容,市、道设立地方图书馆信息服务委员会""为了有效运营图书馆,加强与其他文化设施间的紧密协作,公共图书馆必须设立图书馆运营委员会",分别从国家、地方及各个公共图书馆层面提出建立图书馆理事会的具体要求。一般而言,韩国地方图书馆理事会成员约为15人,其中理事长、副理事长各一人,理事长需从地方知事中选举,副理事长由不同地区的馆长担任。下属工作人员要经过理事长推荐,并具备专业的知识经验。[35]

2.4 建设特点及治理经验

2.4.1 基于法治原则的制度化设计

一是法律保障体系。国外公共图书馆理事会均由专门、正式的法律认定,并受到完备的法律体系的保护及约束。相关法律对图书馆理事会的构成、任命、职能、权责、义务以及人事、财政等方面做出强制性规定,从制度上保障了公共图书馆的法人地位,并且有助于理事会的高效决策和有序运行。

二是引导社会公众参与。充分体现"主权在民"的法治原则和"普遍均等"的服务宗旨,在当地法律中有专门条款对公众参与做出规定,实现图书馆事务运营和管理信息公开常态化,在秉持以人为本理念的同时,提升外部监督的有效性。国外图书馆理事会制定内部审计机制,并义务向社会公开信息。[36]同时,通过内部、外部监督与约束的双向机制,来保障图书馆各项工作的规范化有序开展。

三是理事会成员专业化、多样化。国外图书馆理事会的理事往往由当地图书馆界具有一定影响力的专业人士担任,因而强化了理事会的专业管理决策能力。许多国外图书馆的理事会成员必须满足一系列特定条件,包括在当地具有符合理事会要求的专业学术职位,具有地方政府、图书馆或信息技术、商业管理、金融或市场等领域的工作经验,或者在教育、人文等符合理事会功能的专业领域具有特别成就。此外,理事会成员人数较多,背景趋于多元化,且产生办法和具体职责也各有不同。

2.4.2 清晰明确的各层面关系

一是政府与图书馆理事会之间的关系明确。一般而言,国外公共图书馆理事会是独立于政府之外的,并且是在一定的法律前提下,自主开展业务工作,实行决策权利,独立承担法律责任与相关职能的组织机构。其虽然不属于政府部门,但在一定程度上接受政府的管理。换言之,国外公共图书馆理事会与政府间并非纯粹的领导与被领导关系,而是一种以政策及法律为基础的契约关系。政府的影响主要在于政策主导、经费约束以及行为监管,而不是直接对理事会决策行为进行干涉,但理事会需要按要求向政府报告工作。

二是图书馆理事会与执行管理层之间的关系明确。对理事会负责以及执行理事会决议是图书馆执行层的主体责任,图书馆执行层的构成主要包括馆长、副馆长等行政管理人员。国外公共图书馆理事会与其执行层各行其职、各赋其能,权责划分明确。二者之间的关系可以简单概括为:理事会通过理事会章程和理事会会议行使决策权,为执行层提供支持,但不直接参与图书馆的微观管理事务;执行层负责执行理事会决策,并接受理事会的监督;理事会有权基于公共图书馆及当地社区的有关标准和要求,评价或任免图书馆执行层人员。表2-5为美国公共图书馆理事会与执行层的职责划分。[7]

表2-5 美国公共图书馆理事会与执行层职责划分

理 事 会 职 责	执 行 层 职 责
挑选并雇用有资格的执行层;拟定针对执行层的绩效评价标准;制定图书馆员工的薪资等级	处理图书馆人事、财务、馆藏、设备发展、项目活动安排等;作理事会的专业顾问
决定用于管理图书馆的运行与规划的书面政策	告知理事会拟定新政策的需求;执行理事会决策,并负责向员工及公众进行解释
确定图书馆目标,获取充足资金用以实施图书馆规划	协调执行理事会长期规划,并适时向理事会、员工、图书馆用户、公众等报告
了解图书馆项目与需求;紧跟图书馆发展趋势;制定和实施图书馆规划	起草图书馆未来发展与需求报告;与理事会合作制定和实施图书馆规划
建立、支持和参与公共关系规划	维持积极的公共关系规划
进行图书馆年度预算	通过与理事会协商准备年度预算
了解当地法律;主动支持各层面的图书馆法	了解当地法律;主动支持各层面的图书馆法
参与所有理事会大会,并确保参会记录完整保存	参与所有理事会大会(讨论执行层薪资与任期的会议除外);负责理事会秘书工作
建立制定图书馆馆藏采集的政策	选择和采集所有图书馆馆藏
参加各层面理事会会议与学术研讨会;参加合适的专业组织	参加各层面的专业组织;参与专业会议与学术讨论会
了解图书馆各项服务	利用图书馆各项服务
定时向管理部门和公众汇报工作	定时向理事会、管理部门和公众汇报工作

2.4.3 健全完善的运行模式

一是定期对理事会成员开展专业培训。培训内容涉及理事职责和权限的各个方面,既包括理事会相关业务、政策、规章、指南等内容的学习培训,也包括各类专业讲座、在线课程等多种培训方式。例如大英图书馆理事会要求首次当选的理事必须参加由英国国家政府学院(NSG)提供的入职培训,以便了解、熟悉并掌握工作的基本内容,以适应不断变化的发展环境和专业要求。

二是合理设置理事会组织架构。许多国外图书馆理事会通过下设执行委员会、咨询委员会以及专业委员会来协调图书馆各类服务和项目发展。委员会涉及图书馆政策、立法、服务、人才、财政、审计等各个方面。委员会委员的职能、选聘及权限由理事会审定批准,且委员由社会专业人士担任,负责为理事会提供专业管理和咨询服务。[7]

三是注重效率与结果评价。国外图书馆理事会一般通过编制年度报告、实行绩效评估、开展审计及信息公开等形式,对理事会工作的成效开展评估和反馈。年度报告总结图书馆的重要决策、项目活动、预算执行、计划实施、财务健康等年度运行状况。理事会下设审计委员会负责审计部门业务,并作出绩效评估报告和改进建议呈交理事会。同时,社会公众可以通过理事会定期公布的财务报表、年度报告、会议纪要等文件,行使对图书馆工作的监督权。

3 国内公共文化机构法人治理工作研究

3.1 公共文化机构法人治理环境

建立完善公共文化机构法人治理结构,是进一步落实自主权,激发文化事业单位的动力和活力的重要举措,也是衡量文化事业单位改革是否取得成效的重要标识之一。

2003年以来,公共文化机构按照"增加投入、转换机制、增强活力、改善服务"的要求进行改革,取得了显著成效,但还存在着管理体制不顺、运行机制不畅等问题。主要表现在:存在着行政化现象,管办不分、效能不高、活力不足、监督机制不健全等。上述问题制约着文化事业健康发展和公益文化服务有效提供。建立法人治理结构,就是转变政府职能、创新文化事业单位体制机制、实现管办分离的重要内容和途径。通过建立法人治理结构,一是明确公共文化机构的自主权,把行政主管部门对事业单位的具体管理职责交给决策层,以激发文化事业单位活力;二是扩大社会参与。通过吸收文化事业单位外部人员进入决策层,扩大参与文化事业单位决策和监督的人员范围;三是规范运行机制。明确决策层和管理层的职责权限和运行规则,完善文化事业单位的激励约束机制,提高运行效率,确保公益文化目标的实现。

3.3.1 国家层面政策

建立法人治理结构是推进我国事业单位改革的重要内容。国家在政策层面上做了很多铺垫。

2007年,我国结合事业单位分类改革,在山西、上海、浙江、广东、重庆等5个省市开展了建立法人治理结构的试点。2008年2月,党的十七届二中全会通过《关于深化行政管理体制改革的意见》,明确要求主要从事公益服务的事业单位完善法人治理结构。

2011年3月,中共中央、国务院下发《关于分类推进事业单位改革的指导意见》(中发〔2011〕5号),提出"面向社会提供公益服务的事业单位,探索建立理事会、董事会、管委会等多种形式的治理结构,健全决策、执行和监督机制,提高运行效率,确保公益目标实现。"同年7月,国务院办公厅下发《关于建立和完善事业单位法人治理结构的意见》(国办发〔2011〕37号),明确要求面向社会提供公益服务的事业单位要建立和完善法人治理结构,包括建立健全决策监督机构,明确管理层权责,制定事业单位章程,并对建立法人治理结构的基本原则、总体要求、主要内容、组织实施提出了具体的指导意见。

2012年2月13日,国家事业单位登记管理局印发《事业单位法人治理结构建设试点工作实施方案》(国事登函〔2012〕4号),要求各有关部门"积极稳妥推进事业单位法人治理结构建设试点工作,探索建立和完善法人治理结构"。2012年5月24日,中央编办下发《关于印发〈事业单位章程示范文本〉的通知》(中央编办发〔2012〕11号),要求各地区"在建立和完善事业单位法人治理结构工作中,依据《事业单位章程示范文本》,指导和规范事业单位制定章程,确保事业单位法人治理结构建设顺利进行"。

2013年11月12日,党的十八届三中全会通过《中共中央关于全面深化改革若干重大问题的决定》,提出:"明确不同文化事业单位功能定位,建立法人治理结构,完善绩效考核机制。推动公共图书馆、博物馆、文化馆、科技馆等组建理事会,吸纳有关方面代表、专业人士、各界群众参与管理。"

2014年2月28日,中央全面深化改革领导小组第二次会议通过《深化文化体制改革实施方案》,将公共图书馆、博物馆、文化馆、科技馆等组建理事会试点列入2014年稳妥推进的改革试点任务。同年9月,国家文化部确定了南京图书馆等10家单位作为国家公共文化机构法人治理结构试点单位。

2015年1月,中共中央办公厅、国务院办公厅印发《关于加快构建现代公共文化服务体系的意见》再次强调:"建立事业单位法人治理结构,推动公共图书馆、博物馆、文化馆、科技馆等组建理事会,吸纳有关方面代表、专业人士、各界群众参与管理,健全决策、执行和监督机制。"

3.1.2 地方层面政策

各省市为贯彻落实中央关于建立公共文化机构法人治理结构的要求,纷纷出台相关政策。这些文件大多只对事业单位建立法人治理结构做出宏观原则性规定,也有一些地区在此基础上还专门制定了法人治理结构的配套文件(表3-1),这些文件对法人治理结构的组成、管理运作模式、制度体系、监督机制等重要内容进行了规定。

表3-1 各省市分类推进事业单位建立法人治理结构政策文件

地区	政 策 文 件 名 称	发 布 时 间
北京	《中共北京市委北京市人民政府关于分类推进事业单位改革的实施意见》(京发〔2011〕21号)	2011年
天津	《关于支持事业单位开展法人治理结构建设试点工作的意见》	2015年9月
上海	《关于在本市开展事业单位法人治理结构试点工作的意见》(沪编〔2012〕101号)	2012年3月23日
重庆	《中共重庆市委 重庆市人民政府关于分类推进事业单位改革的实施意见》(渝委发〔2012〕6号)	2012年

续　表

地区	政策文件名称	发布时间
江苏	《中共江苏省委　江苏省人民政府关于分类推进事业单位改革的实施意见》（苏发〔2012〕26号）	2012年
	《省政府关于加强和改进事业单位监管与服务的意见13》（苏政发〔2015〕43号）	2015年4月15日
浙江	《浙江省文化厅关于认真贯彻落实党的十八届三中全会和省委十三届四次全会精神深入推进文化体制机制改革创新的实施意见》	2013年12月5日
	关于印发《关于开展事业单位法人治理结构建设试点工作的指导意见》的通知	2012年12月31日
福建	福建省人民政府办公厅关于印发《福建省事业单位分类实施意见》的通知（闽政办〔2014〕21号）	2014年1月29日
	《关于建立和完善事业单位法人治理结构的实施意见》	2015年4月5日
山东	《关于推进事业单位法人治理结构改革试点工作的意见》	2014年
广东	《关于推进我省事业单位法人治理结构试点工作指导意见的通知》（粤机编办〔2012〕168号）	2012年7月27日
	《广东省公共文化事业单位理事会建设试点工作方案》	2012年7月27日
山西	《关于印发〈山西省事业单位法人治理结构建设试点工作实施方案〉的通知》（晋编办字〔2012〕135号）	2012年8月2日
吉林	《中共吉林省委　吉林省人民政府关于分类推进事业单位改革的实施意见》（吉发〔2011〕31号）	2011年11月24日
安徽	《中共安徽省委安徽省人民政府关于分类推进事业单位改革的实施意见》（皖发〔2013〕14号）	2013年12月6日
	《安徽省建立事业单位法人治理结构的试点意见》	2013年12月17日
江西	《中共江西省委贯彻落实〈中共中央关于全面深化改革若干重大问题的决定〉的实施意见》	2014年7月
	《中共江西省委　江西省人民政府关于分类推进事业单位改革的实施意见》（赣发〔2011〕16号）	2011年11月15日
河南	《关于支持事业单位开展法人治理结构建设试点工作有关政策的意见》（豫编办〔2015〕509号）	2015年
	《河南省机构编制委员会关于开展公益事业单位建立健全法人治理结构改革试点工作的意见》（豫编〔2012〕6号）	2012年

续表

地区	政策文件名称	发布时间
湖北	《中共湖北省委、湖北省人民政府关于分类推进事业单位改革的实施意见》（鄂发〔2013〕30号）	2013年4月12日
湖南	《中共湖南省委湖南省人民政府关于分类推进事业单位改革的实施意见》（湘发〔2013〕8号）	2013年11月6日
内蒙古	《鄂尔多斯市图书馆法人治理结构试点工作方案》（鄂府办发〔2015〕110号）	2015年9月24日
贵州	《贵州省事业单位法人治理结构建设试点工作实施方案》	2012年5月
云南	《云南省人民政府办公厅关于开展事业单位法人治理结构建设试点工作的通知》	2012年9月
陕西	《中共陕西省委 陕西省人民政府关于分类推进事业单位改革的实施意见》（陕发〔2014〕4号）	2014年
甘肃	《中共甘肃省委 甘肃省人民政府关于分类推进事业单位改革的实施意见》	2013年12月
甘肃	《关于进一步深化全省事业单位法人治理结构建设试点工作的意见》	2016年
青海	《青海省事业单位分类实施意见》（青政办〔2014〕18号）	2014年2月10日
宁夏	《关于支持事业单位开展法人治理结构建设试点工作有关政策的意见37》（宁编办发〔2013〕72号）	2013年4月1日

3.2 公共图书馆法人治理工作概况

国内江苏省、广东省在公共文化机构开展法人治理工作上可谓先行者。

早在2005年，江苏省无锡市在卫生、教育、文化和体育等社会事业领域实施"政事分开、政资分开、管办分离"改革，分别成立市医院管理中心、市学校管理中心、市文化艺术管理中心（简称"文管中心"）、市体育场馆和训练管理中心，在市政府领导下独立运行，代表政府履行出资人职责，负责管理下属事业单位的资产、人员和业务，探索建立事业单位法人治理结构，其中22个市属文化事业单位进入文管中心。2009年,无锡市图书馆成立理事会。理事会被定位为图书馆的咨询机构,理事会成员11人,其中图书馆理事4名,馆外理事7名,文管中心代表1名,另有市残联、市文明办、学校校长、读者等代表。按照无锡市相关规定,事业单位法定代表人不能进入理事会。理事长由1名副馆长担任。一年开一次理事会会议。

深圳图书馆则于2007年被列入广东省深圳市组建理事会的10个事业单位之一,启动法人治理结构试点工作。2008年拟定《深圳图书馆理事会章程(草案)》及《深圳图书馆理事会决策失误追究制度》、《深圳图书馆审计与绩效评估制度》、《深圳图书馆年度报告制度》、《深圳图书馆信息公开制度》等4个配套制度;2009年,理事会章程及4个配套制度草案获市事业单位体制及行政事业性国有资产监管体制改革领导小组办公室批复;2010年12月底成立了首届理事会,理事会被定位为议事和决策机构,负责确定深圳图书馆的发展战略和发展规划,行使深圳图书馆重大事项议事权和决策权,但不直接参与图书馆管理和干预图书馆日常事务,对举办单位负责。理事会由11名成员组成,其中政府代表2名,均来自市文体旅游局;社会人士7名,来自社会科学、文学艺术、科技管理、图书情报专家、读者等各界代表;图书馆代表2名,1名馆长,1名员工代表。理事长由市文体旅游局分管副局长担任,图书馆馆长为执行理事。理事每届任期3年。2015年4月深圳图书馆理事会进行了换届,经过第一届理事会的运行实践,深圳图书馆初步建立了分权制衡的组织结构,进行了政事分开的有益尝试,促进了开放民主的治理取向,取得了法人治理结构建设的阶段性成果,理事们在图书馆建设中发挥了重要作用。新一届理事会依然是11名成员,组成结构基本不变。2012年、2013年广州市图书馆、佛山市顺德文化艺术发展中心、深圳宝安区图书馆和成都成华区图书馆相继成立了理事会,其中广州市图书馆、顺德文化艺术发展中心的理事会成员通过推荐、选举等形式选出,均为11人,且顺德文化艺术发展中心理事会推举社会贤达而非举办单位或机构代表担任理事长,在公共文化机构法人治理结构改革中属一次突破。

2003年至2013年,除了上述几家先行者外,公共文化机构的法人治理结构改革基本没有大的进展。直至2013年11月,随着十八届三中全会决定精神,明确不同文化事业单位功能定位,建立法人治理结构以及国务院办公厅印发的一系列指导意见,尤其是2014年9月文化部公布了10家公共文化机构法人治理结构试点单位后,各地公共文化机构的法人治理结构改革如雨后春笋般出现,理事会、监事会纷纷成立。截至2016年5月,课题组从论文、传统媒体和网络媒体等各种途径获得的统计数据共计有48家单位(表3-2)。

表3-2 国内公共文化机构成立理事会一览表

序号	公共文化机构名称	理事会成立时间
1	江苏省无锡市图书馆	2009年6月
2	广东省深圳图书馆	2010年12月
3	广州市图书馆	2012年7月
4	广东省佛山市顺德文化艺术发展中心	2012年9月
5	广东省深圳市宝安区图书馆	2013年7月
6	贵州省图书馆	2013年8月
7	四川省成都市成华区图书馆	2013年12月
8	*浙江省温州市图书馆	2014年6月
9	浙江省温州市苍南县文化馆	2014年6月
10	浙江省湖州市图书馆	2014年6月
11	*广东省深圳市深圳福田区图书馆	2014年7月
12	贵州省遵义市图书馆	2014年8月
13	广东省深圳市福田区文化馆·书画主题馆	2014年8月
14	广东省深圳市福田区文化馆·非遗主题馆	2014年9月
15	广东省深圳市福田区文化馆·舞蹈主题馆	2014年9月
16	广东省深圳市福田区文化馆·戏剧主题馆	2014年10月
17	上海图书馆(上海科学技术情报研究所)	2014年10月

续 表

序 号	公共文化机构名称	理事会成立时间
18	广东省东莞图书馆	2014年11月
19	浙江省嘉兴市文化馆	2014年11月
20	浙江省嘉兴市博物馆	2014年11月
21	四川省成都文化馆	2014年11月
22	四川省成都图书馆	2014年11月
23	*江苏省南京图书馆	2014年11月
24	*广东省博物馆	2014年12月
25	广东省佛山顺德图书馆	2014年12月
26	湖北省图书馆	2014年12月
27	广东省立中山图书馆	2014年12月
28	山东省威海市图书馆	2015年1月
29	江苏省镇江图书馆	2015年1月
30	陕西省西安市汉阳陵博物馆	2015年2月
31	*山东省济南市群众艺术馆	2015年3月
32	山东省济南市美术馆	2015年3月
33	山东省济南市图书馆	2015年3月
34	贵州省毕节市图书馆	2015年3月
35	上海浦东图书馆	2015年3月
36	湖南省图书馆	2015年3月
37	江苏省徐州市图书馆	2015年4月
38	贵州省贵阳市图书馆	2015年6月
39	北京东城区第一、第二图书馆	2015年7月
40	*广西壮族自治区桂林市临桂县文化馆	2015年7月
41	浙江省宁波市图书馆	2015年10月
42	浙江省宁波市北仑区图书馆	2015年10月
43	山西省图书馆	2015年12月
44	*浙江省图书馆	2015年12月

续表

序 号	公共文化机构名称	理事会成立时间
45	*重庆图书馆	2015年12月
46	湖南省株洲市图书馆	2016年1月
47	天津市图书馆	2016年3月
48	*山西省朔州市图书馆	2016年4月（公布理事会名单）
49	*河北省唐山市丰南区图书馆	未获悉

注：*为2014年9月文化部公布的国家公共文化机构法人治理试点单位。

48家机构中，从区域分布看，广东、浙江、江苏列前三甲。其中广东13家，占27.1%；浙江8家，占16.7%；江苏4家，占8.3%。此外，贵州、山东各4家，各占8.3%；四川3家，占6.3%；湖南、山西、上海各2家，各占4.2%。其余还有北京、重庆、广西、陕西、天津、湖北等地各有1家（图3-1）。据此不难发现沿海地区在公共文化机构法人治理机构改革上的积极性更高，前三甲共计20家，占统计总数的52.1%，其中广东省可谓异军突起。而从全国范围看，目前只有15个省、自治区和直辖市有试点，只占全国的46.9%，而且东北地区基本属于空白，西部地区虽有零星试点但鲜有省一级的机构。

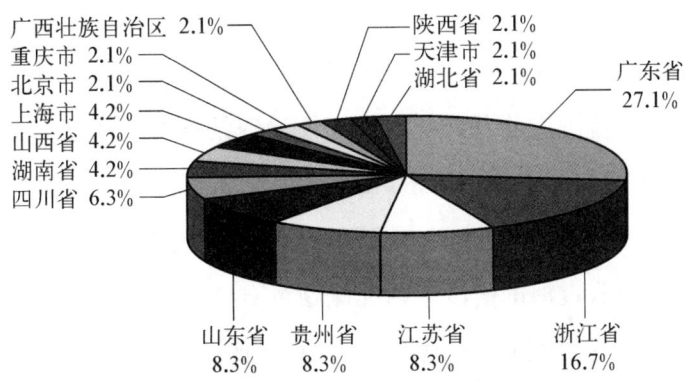

图3-1 国内公共文化机构建立法人治理机构分布图

从机构种类看（表3-3），图书馆34家，占了71%，文化馆10家，占21%，博物馆仅4家，占8%。因此在公共文化机构中，作为文化信息的典藏者和传播者，图书馆更希望采用开放的、民主的管理方式，真正实现政府与图书馆的"管办分离"，图书馆管理的专业化和"去行政化"，从而有效提升图书馆的运行效率。

表3-3 成立理事会的机构分类

机 构 种 类	数 量
图书馆	34
博物馆（包括美术馆）	4
文化馆（包括艺术馆、文化中心）	10

从机构的行政级别看，48家机构中，市级22家，区县级15家，而省级只有11家（表3-4）。法人治理结构的核心除了决策层建立理事会制度外，管理层要依法独立运行，且管理和运行实现"章程化"，这就要求政府职能下放，实现"政事分开""管办分离"。

表3-4 成立理事会的机构行政级别分类

机 构 种 类	数 量
省级	11
市级	22
区县级	15

以上是全国范围内公共文化机构法人治理结构开展的基本情况。从已经开展的48家机构的进展情况看，由于大多处于试点、初创阶段，因此在是否真正实现政事分开、管办分离，是否真正体现理事会的决策、监督作用等方面还处于摸着石头过河的阶段。因此课题组对已经推行法人治理结构改革的公共文化机构通过问卷、实地调研、文献调研等方法获得的一手、二手资料，虽然资料不尽完整，但还是能够从这些资料中通过分析、归纳、归类，从而

对我国目前公共文化机构法人治理结构的制度基础、评价体系、决策支撑、实践模式等方面形成了解。

3.3 法人治理的产生、定位与运行模式分析

法人治理结构的核心要点,一是决策层建立理事会制度,二是管理层依法独立运行,三是管理和运行实现章程化。对于已经建立理事会制度的48家机构,他们是如何产生理事会的? 理事会架构是否合理? 政府是怎样放权的? 理事会是否真正按照理事会章程形式行使决策监督权? 带着这些问题,课题组对48家机构中比较活跃的31家(贵州省毕节市图书馆、湖南省株洲市图书馆、浙江省湖州市图书馆、威海市图书馆、西安市汉阳陵博物馆、温州市苍南县文化馆、深圳宝安区图书馆、成都成华区图书馆等因获取数据不全,不在此项调研范围内)进行了调研、统计和分析。

3.3.1 理事会制度建立的情况分析

国务院办公厅《关于建立和完善事业单位法人治理结构的意见》(简称《意见》)[2]明确规定,理事会一般由政府有关部门、举办单位、事业单位、服务对象和其他有关方面的代表组成。因此各机构通过各种方式组成了理事会。理事会成员从9人至15人不等。经统计,11人和13人各占10家,为理事会成员的大多数配置(表3-5)。理事会成员的产生无非是任命、民主选举、推选、社会招募这四种方式加上四种方式相结合(表3-6)。不难发现,虽然有选举、推选、社会招募等更加民主的产生方式,但政府部门或举办单位还是占据主导作用,因为任命加上其他民主产生方式的占了57%(17家),这和国外公共文化机构的理事会人员机构较相似,充分体现了政府在下放决策、监督、管理权前,对于放权对象的履职能力、业界威望、专业水平、参与积极性等综合能力给予充分的考量和把控,以期为高效履职提供有力的人力资源保障。

表3-5 理事会人员配置数量统计

理事会人数/人	机构数量/家
9	1
11	10
12	2
13	10
14	1
15	7

表3-6 理事会人选产生方式统计

理事会人选产生方式	机构数量
民主选举	1
民主选举/招募	7
任命/民主选举	1
任命/民主选举/招募	5
任命/推选	6
任命/推选/招募	6
推选/招募	5

而关于理事会成员架构方面,31家机构都是举办单位代表、机构本身代表和社会代表三合一架构,只是三方的占比各不相同。从统计数据看,绝大部分政府部门能够解放思想,取智慧于民,在理事会人员组成中,有26家机构的理事会成员中社会人员占比超过50%(表3-7),其中还有9家占比超过80%。

其实,扩大社会力量参与的另一个意思,就是通过理事会制度鼓励和吸引更多的社会力量、社会资本参与公共文化建设中,以捐赠、赞助等多种形式参与公共文化服务体系建设。按照国际通行做法,具有强烈社会责任意识、热心捐助公益性文化事业的企业家,也是公共文化机构理事会的合适人选。

表3-7 理事会成员中社会人员占比统计

社 会 人 员 占 比	机 构 数 量
<50%	5
51%~60%	12
61%~70%	3
71%~80%	2
81%~90%	5
91%~92%	4

在实际运行中,深圳福田区图书馆及文化馆、广东省博物馆等理事会都引入了海外理事,促进对机构与海外的业务交流,更利于借鉴先进的管理与服务经验,提升了机构的运营管理与服务能力,值得借鉴。但由于社会理事多来自各行各业,且专业素养、知识和信息储备大多不在所服务的理事会机构专业范围内,调研中发现这些理事的参事、议事、决策的科学性、专业性难免受到影响和质疑。

统计发现,政府任命机制下的理事长更多来源于举办单位或机构本身,而以社会贤达身份任理事长的产生方式更多来自于民主推选机制(表3-8)。可见民众更偏向于多吸纳社会力量参与公共文化机构建设与服务,推动公共文化机构的共同治理,更加有效实现决策民主,保证民众在公共文化事务上充分行使公民权利,也能更有利于整合社会资源,协调各方利益主体的利益,提升图书馆的办馆效益。

表3-8 理事长来源与产生方式

理事长来源	机构数量	产 生 方 式
举办单位	9	全部为任命加推选或民主选举、推选、招募
机构本身	7	5家任命加推选或民主选举、推选、招募
社会贤达	15	仅4家任命加推选或民主选举、推选、招募

3.3.2　制度保障、权利行使及运行模式分析

法人治理结构强调管理和运营实现"章程化"。通过章程规范理事会和管理层的关系、理事会与管理层的运行机制,以及建立法人治理的基本制度,如年度报告制度、信息披露制度、公众监督制度、决策失误追究制度、审计制度、绩效评估制度、党组织建设制度等。

这方面,受调研单位都做得很到位。无论基层的区县级还是省级文化机构都受各政府和举办单位委托协助完成组建工作机构、制定筹建方案、拟定理事会文件等工作,并经过广泛征求意见后形成最终的实施方案报举办单位审批后,严格按照方案制定理事会章程和其他配套的后续工作。理事会定位、职权和运行模式首先看章程。通过对这31家机构的调研发现,虽然各单位都有理事会章程,但章程和章程之间还是有很大差别的。

虽然《意见》中已经明确理事会是决策和监督机构模式,理论上讲不应该再出现多样化的模式定位,但在实际运行中,课题组根据各机构理事会的定位,归纳出有决策型机构、决策监督型机构、决策咨询型机构、决策咨询监督型机构、议事决策型机构和咨询协调型机构等6种模式(表3-9)。可谓种类繁多,其中以决策监督为最多,有10家,决策型次之,有9家。在决策型模式下有5家设立了监事会,2家有专业委员会;决策监督型则有3家设立了监事会,1家有专业委员会,其余4种模式均未设立监事会。这与《意见》中给出的原则"根据实际情况,可以让理事会承担监督职能,监督本单位的运行和管理层履职情况,也可以单独设立监事会,负责监督"的指导作用有密切关系,可见大部分理事会承担了监督职能。另外,理事会工作和单位重大决策公开化,接受社会监督也是一个渠道。

课题组选择了计划目标、财务预算、服务政策、人才引进等4个决策内容展开对各理事会决策权限的调研(表3-10)。其中,31家理事会对计划目标都有决策权,服务政策则有21家,但是在财务预算和人才引进方面拥有决策权的理事会明显少了很多,分别是14家和12家,仅占45%和39%。

表 3-9 理事会职能模式分类

理事会职能	机构数量	设监事会的机构数量	设专业委员会的机构数量
决策型	9	5	2
决策监督型	10	3	1
决策咨询型	6	0	2
决策咨询监督型	2	0	0
议事决策型	3	0	1
咨询协调型	1	0	0

表 3-10 理事会决策内容统计

决 策 内 容	机 构 数 量
计划目标	31
财务预算	14
服务政策	21
人才引进	12

另外,调研结果显示,不同模式的机构,其决策的内容范畴不尽相同,而相同模式的机构,其决策的内容范畴也各有不同(图 3-2)。

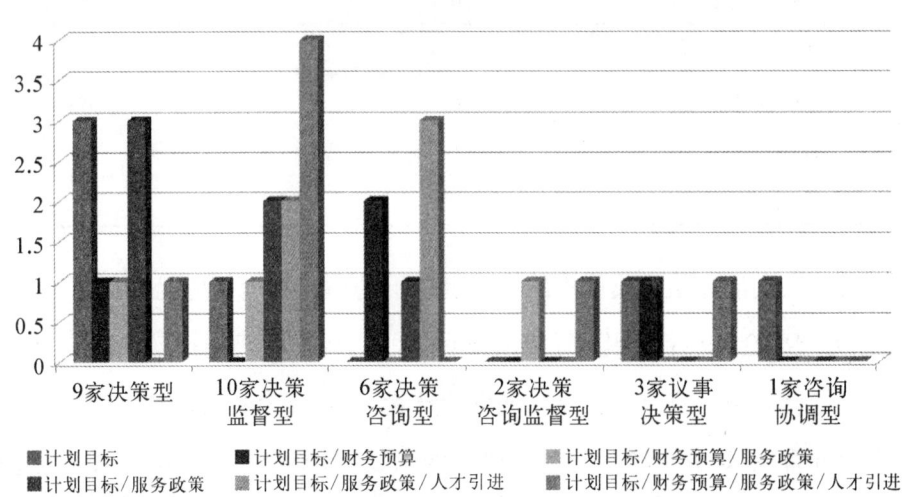

图 3-2 理事会职能模式与决策范围

究其原因,根结主要还在当地政府的管理人才选拔政策和财政政策。管理人才的政策上,目前在公共文化机构系统,干部的管理任命均由上级部门统一负责,因此在推行法人治理结构时,政府对于干部管理的放权是一个亟须解决的问题。财政政策方面,财政是否能够放权是推行法人治理结构的关键。在经费管理方面,公共文化机构的购置经费、办馆经费、活动经费、员工的绩效工资等在目前的财政体制下都是按照项目进行拨款、核算的,这与理事会制度中的管理层必须按照理事会的决议独立自主履行财务资产管理的要求存在较大的差距,因此也应和了是否真正实现"管办分离"的调研结果。31家中有19家显示为"否"(表3-11),这与《意见》所设定的目标有很大差距。

表 3-11 管办分离与否的机构数量比较统计

理事会模式	机构数量	管办分离	
		是	否
决策型	9	5	4
决策监督型	10	5	5
决策咨询型	6	0	6
决策咨询监督型	2	1	1
议事决策型	3	2	1
咨询协调型	1	0	1
总计	31	12	19

关于法人治理结构改革中的搭建管理层的作用和运行情况,调研结果显示,作为理事会的执行机构,所有调研对象的机构都是机构行政负责人及其他主要管理人员组成。管理层对理事会负责,按照理事会决议独立自主履行日常业务管理、财务资产管理和一般工作人员管理等职责,定期向理事会报告工作。但关于机构负责人由理事会任命或提名的规定,由于需遵守干部选

拔任命制度的规定,各试点机构的普遍做法是管理层行政负责人由行政主管部门提名,理事会审议批准,按干部人事管理权限任命。当然也有少部分的做法是由理事会提名,经行政主管部门审议批准,按干部人事管理权限任命。无论哪种做法,相比改革前单一的行政主管部门任命制,实际上已经对管理层行政负责人的遴选、产生实现了一定程度的分权和制衡,这也可以说是公共文化机构建立法人治理结构带来的一个变化。

3.3.3 法律保障和配套措施分析

目前我国的公共文化机构法人治理结构改革都是根据中央和国务院的文件,诸如《中共中央关于全面深化改革若干重大问题的决定》《中共中央国务院关于分类推进事业单位改革的指导意见》《国务院办公厅关于印发分类推进事业单位改革配套文件的通知》及其配套文件(以《关于建立和完善事业单位法人治理结构的意见》为主),结合各省市地区的实际情况建立和完善的,在理事会运行的经费上,所有调研单位都是通过财政预算后专项拨款来获得保障。在已经试点的单位中,广州图书馆、深圳图书馆因在地方性图书馆条例中有提及相对获得更多的法规上的强制性和保障,由此也可以解释为何广东地区实行法人治理结构的公共文化机构更多的原因了。

调研显示,各公共文化机构的理事会章程或由理事会审议的制度(如《决策失误追究制度》)中,都明确了理事长、理事的权利和义务,但从字里行间得出的分析结论是,理事被赋予了更多的社会责任和决策零失误的标准,而对于理事所付出的工作并没有相当的工作报酬或者其他回报机制等保障,在某种程度上理事更具有志愿者的特点。

3.4 公共图书馆法人治理案例

课题组对照直辖市、省会城市、地级市等不同层级公共图书馆的法人治理结构工作,并分析其建立法人治理结构的创新点与突破点,以期为国内不同类型公共图书馆的法人治理提供参考。

3.4.1 重庆图书馆

1. 基本情况

重庆图书馆于2010年被确定为全市事业单位法人治理结构改革试点单位,并于2014年成为10家国家公共文化机构法人治理结构试点单位之一。2015年12月26日,重庆图书馆第一届理事会举行成立大会。

重庆图书馆理事会定位为决策和监督机构,主要职责是审议决定重庆图书馆的发展规划、工作报告、规章制度、财务预决算等重大事项,按照有关规定履行监督和绩效评估等方面的职责,理事会对举办单位市文化委员会负责,重庆图书馆管理层是理事会的执行机构,由行政负责人和主要管理人员构成,管理层对理事会负责,主要职责是按照理事会的决策,行使日常业务和人财物的管理。

重庆图书馆理事会由15名理事构成,由政府机构、社会人士和图书馆代表组成。理事长由举办单位任命,副理事长由选举产生。15名理事中,政府机构代表5名,主要来自于市委宣传部、市财政局、市人力社保局、市文化委;社会人士6名,分别来自于文化界、经济界、教育界、法律界、图情界和读者代表;重庆图书馆4人进入理事会,分别是馆长、工会主席、图书馆专家和职工代表。

2. 创新点

一是理事长人选的突破。根据《重庆图书馆章程》的规定,理事长由举办单位重庆市文化委员会委任,在第一届理事会上,三峡博物馆原馆长、西南大学历史文化学院教授、博士生导师黎小龙被委任为理事长。理事长由担任过公共文化机构负责人的社会知名人士出任,既充分体现了图书馆接纳社会公众参与的决心,也为理事会高效有序运行提供了一定保障。

二是理事会与举办单位关系衔接的创新。按照章程规定,理事会对举办单位即重庆市文化委负责,向其报告工作并接受监督。理事会下设秘书处,设在市文化委公共文化服务处,具体负责理事会的日常工作。这一设置,为理事会与举办单位的有效衔接开创了一种良性互动的模式。

3.4.2 贵阳市图书馆

1. 基本情况

贵阳市图书馆作为贵阳市第二批开展法人治理结构试点单位之一,于2015年6月24日召开第一届理事会、监事会全体成员会议。理事会由9名理事组成,其中文化新闻出版广电局1名;市财政局1名;市人力资源和社会保障局1名;市图书馆党政负责人3名;职工代表1名;服务对象2名。政府相关部门代表由单位委派,图书馆党政负责人为当然理事,职工代表由职工代表大会推荐产生,服务对象代表由社区推荐产生。理事会通过理事会章程和理事会会议行使议事决策权,支持管理层工作,不直接参与图书馆管理,每届任期3年。

2. 创新点

一是理顺了理事会职能定位与各方关系。贵阳市图书馆拟定了《贵阳市图书馆理事会及相关关系和工作流程》,理顺在理事会为核心的法人治理结构下理事会、监事会、管理层及与上级组织之间的关系。决策权由贵阳市图书馆理事会行使并承担相应责任,理事由贵阳市文广新局党委聘任,理事会对市文广新局党委负责并汇报工作;执行权由贵阳市图书馆管理层行使并承担责任,行政负责人及其副职按干部管理权限由党委按程序研究提名、任免,理事会聘任,管理层向理事会负责并汇报工作;监督权由贵阳市图书馆监事会行使并承担相应责任,主要对图书馆事务的合法性、执行情况监督、评价和反馈,监事会对理事会负责并汇报工作。

二是厘清了法人治理结构的运行机制。理事会根据读者对图书馆的需要以及党的大政方针、图书馆事业发展趋势及图书馆规划、章程规定开展决策工作,三重一大(重要改革方案、长期性重要事项,党代表、人大代表、政协委员候选人等推荐,10万元以上工程建设和改造项目、大宗物资采购和报废,25万元以上资金使用)均须由理事会审议或审定,然后交由管理层执行。管理层全权决定除三重一大以外事项的决策以及业务计划、组织实施等执行层面的工作。对于理事、管理层的履职由监事会独立监督,对于理事会决策失误的责任追究由贵阳市文广新局负责。

三是基本建立议事规则体系、相关配套制度和科学决策支撑体系。依据《贵阳市开展事业单位法人治理结构试点工作实施方案》和《贵阳市图书馆章程》,理事会制定了《贵阳市图书馆理事会议事规则》《贵阳市图书馆监事会议事规则》,形成了较为完备的议事规则体系,以及《理事会决策失误追究制度》《审计与绩效评估制度》《年度报告制度》和《信息公开制度》。同时,为了保障理事、监事更好履职,确保决策的科学有效,理事会专门为其制定了培训计划,例如参加图书馆界大型年会,明确规定有关决策事项所需信息须提前10个工作日由理事会、监事会秘书送到理事、监事手中,建立顺畅的日常沟通通道,初步建立了科学决策支撑体系。

3.4.3 温州市图书馆

1. 基本情况

温州市图书馆2014年2月被列入浙江省法人治理结构建设试点单位,于2014年6月组建成立理事会,建立了以理事会作为决策议事机构、管理层为执行机构、监事会为监督机构的事业单位法人治理结构。首届理事会设理事13名,主管部门委派1名,图书馆2名,面向社会公开招募10名,其中文化教育界代表3名,工商企业界代表3名,普通读者3名和图书馆志愿者代表1名。温州市达得利箱包有限公司董事长、温州市总商会副会长李国胜任理事长。

2. 创新点

一是面向社会公开招募理事,确保公众参与。国内大部分理事会成员由举办单位及理事单位推荐产生,温州市图书馆为了真正吸纳社会人士参与图书馆管理,以面向社会公开招募的方式吸引各阶层市民代表加入理事会队伍,并由社会贤达担任理事长,这是国内采用通过面向社会公开招募选定理事的探索性做法。

二是理事构成社会代表比例大,确保社会共同治理。经过主管部门和有关部门评审,通过与招募对象面谈,按照热心程度、履职能力、阅历及业务威望等要素进行审核筛选,确定理事会成员构成。13名理事中,主管部门委派1人,图书馆占2人,而社会理事有10人。

三是聘任社会知名人士任理事长,体现图书馆社会化管理趋势。理事长人选由各位理事选举产生,根据章程,主管部门委派代表与图书馆代表不能当选为理事长,理事长由社会知名人士来担任,充分体现了图书馆接纳社会公众参与的决心。

四是明确理事会参与人事、财务管理权限,确保管办分离。依据《温州市图书馆章程》赋予理事会的职权,理事会享有图书馆建设发展规划、重大项目、重要服务、大项经费开支、薪酬分配等事项的决策权,具体体现在:① 人事管理方面,理事会可以提名馆长、副馆长人选,可以参与图书馆中层干部竞聘工作,参与新进员工招聘岗位、招考专业、招考范围等相关报考条件的设置。② 财务管理方面,理事会参与图书馆下一年度的财政预算审核,同时对本年度的财政投资执行状况进行审议,提出资金调整的合理化建议。50万元以上的货物采购、100万元以上工程类项目实施,必须向理事会进行汇报,经审议批准后才可进行。③ 干部考核方面,理事会参与图书馆领导班子上级评议工作,负责图书馆财政投资项目的绩效考核,并对绩效进行审议。

3.4.4 上海浦东图书馆

1. 基本情况

上海浦东图书馆是文化部法人治理试点单位之一。2015年3月20日,浦东图书馆第一届理事会举行成立大会。第一届理事会由13名理事组成,其中举办单位1名,浦东图书馆1名(馆长),其他11名理事都是社会方代表,其中既有图书馆业界的专家,如原台湾图书馆馆长顾敏、上海纽约大学图书馆馆长张宁;也有各领域知名人士,如"happy张江"微博博主朱蕾、前国家女排队长李国君、中国商飞公司企业文化部部长魏应彪等,社会代表所占比例高达85%。社会人士、央视《百家讲坛》主讲人、知名文化学者鲍鹏山为理事长。

《上海浦东图书馆章程》将理事会定位为决策机构。理事会对浦东图书馆发展规划、财务预决算、岗位设置等重大事项行使决策和监督权,支持图书馆管理层工作,但不直接参与管理。以馆长与副馆长组成的管理层,为理事会的执行机构,并实行馆长负责制。

理事会设秘书处,同时下设文献资源建设专业委员会、财经专业委员会、阅读推广委员会3个专业委员会。

2. 创新点

浦东图书馆法人治理结构主要有如下3个特点。

一是通过制定章程和负面清单,明确各方权责,确保理事会的决策地位。除了章程,理事会还出台《浦东图书馆法人治理"负面清单"》以规范权力运行。

二是理事会成员以社会人士为主,并下设专业委员会,有利于图书馆利益相关方的共同治理和科学决策。社会方理事加强了图书馆与社会的广泛联系。如,鲍鹏山理事长在浦图搭建了青少年公益国学普及平台——浦江学堂。建平中学校长、杨振峰理事提出让阅读推广进入中小学后,浦东图书馆与建平中学、进才实验中学、海桐小学等3所浦东中小学共建中小学分馆,将其纳入浦东图书馆总分馆体系。同时,为保证理事会决策的专业性,理事会下设专业委员会等,负责专题工作调研,向理事会提交调研报告,并提出合理化建议和专业论证。

三是建立了立体化、制度化的监督体系,保障法人治理有效运行,并不偏离公益服务方向。除实现管办分离外,浦东图书馆还建立了多元规范的监督生态,提高了运行的透明度和对公众的责任承担。

3.4.5 深圳市福田区图书馆

1. 基本情况

深圳市福田区图书馆是文化部确定的10家国家公共文化机构法人治理结构试点单位之一。理事会于2014年7月9日正式成立并召开第一次会议,推选产生首任理事长,审议通过了《福田区公共图书馆理事会章程(草案)》及4个制度。理事会是福田区公共图书馆(福田区、街道、社区三级公共图书馆服务体系)的议事、决策和监督机构,负责确定全区公共图书馆的发展战略和发展规划,行使福田区公共图书馆重大事项议事权、决策权和监督权。理事会对福田区公共文化体育发展中心负责。

理事会由政府部门代表、服务区域代表、社会人士、行政执行人、境外理事等组成,理事15名。其中政府部门代表1名,服务区域代表2名,社会人士8名(社科界2名,教育界1名,图书情报界2名,读者代表1名,社会组织代表1名,企业代表1名);执行理事1名;馆员代表1名;境外理事2名。理事采用推选、邀请或公开招募方式产生,由区文体中心履行任免程序。理事会设理事长、执行理事、秘书各一名。执行理事由福田区图书馆馆长担任。

2. 创新点

该馆理事会的创新做法是成立了专业委员会,为理事会决策提供专业咨询和管理咨询服务。根据章程,理事会可设立咨询委员会或相关专业委员会,为理事会决策提供专业咨询和管理咨询服务。委员会成员的具体职能、选聘办法和权限应经理事会会议审议批准,并予以公示。委员会成员受聘期间,向理事会负责,并承担相应的诚信和勤勉义务。理事会可聘请专业性机构参与委员会工作,或聘请国际专业人士担任顾问。

理事会第二次会议上成立了文献资源建设、阅读推广活动和绩效评估考核3个专业委员会;由3位在各自领域具有丰富实践经验和较高专业素养的理事分别担任主任,再由各主任牵头负责拟定各委员会委员的组成人选、具体职能、选聘办法等。

3.5 公共文化机构法人治理工作建议

近3年,我国公共文化机构法人治理工作在数量上可谓突飞猛进,在运行机制上有章可循,但仍然存在法律保障不足、配套机制不够、理事会决策权力不强、理事会行使权利的专业性和科学性不足等问题。如何解决这些问题,结合国外经验,提出如下一些建议。

3.5.1 健全法律保障

加快建立健全国家及各地方层面的公共图书馆立法,尤其是全国性的专门立法,明确规定公共图书馆需建立理事会,赋予图书馆理事会合法地位,并详细规定图书馆理事会的权责和义务,从而保障公共图书馆通过理事会制度实现法人治理,实现图书馆管理体制的转变。

2015年12月,国务院法制办公室发布《中华人民共和国公共图书馆法(征求意见稿)》,其中第十三条规定"公共图书馆章程应当主要包括下列事项:(三)组织管理制度,包括理事会或者其他形式决策机构的产生办法、人员构成、任期、议事规则等",以及第十九条规定"国家推动公共图书馆建立法人治理结构,吸纳有关方面代表、专业人士和公众参与管理"。由此可见,我国在针对公共图书馆理事会建设的立法保障方面已经给予一定的关注与重视。国家层面的立法对图书馆法人治理结构做出原则上的规定,向图书馆理事会提供最权威、最高层级的法律依据,也有利于各地方政府进一步完善地区公共图书馆理事会制度建设的地方立法。但从目前的相关条款内容来看,其在表述上依然较为简单笼统,未对图书馆理事会的具体组建、构成、职能及管理运行机制等作详细的说明,因而仍需进一步完善。此外,图书馆立法还应注重实施效果,注重符合公共图书馆事业的发展趋势和公众需求变化,并在此基础上及时做出相应的调整和修订。

3.5.2 明确职能定位

公共图书馆理事会一般具有 3 种职能:(1) 作为权力机构,协商和勘定图书馆总政策;(2) 作为审议机构,对重大问题进行审查和评判;(3) 作为咨询顾问机构,对运营管理起到参谋作用。[37]公共图书馆在建立理事会之初,首要明确的便是理事会的运作模式及其职能定位,依据图书馆的自身特色确立理事会形态是咨询型还是决策型,并且设立与之相适应的职责范畴和管理运行机制。

咨询型理事会是根据图书馆事务运营和管理需要,由业界专业人士组成的旨在提高图书馆决策水平和服务效能而设立的机构。成员一般由图书馆采取公开招募、集中选聘等形式从社会各阶层中遴选,具有多元化学历背景和丰富知识结构。咨询型理事会主要职责是向图书馆提出改进建议,一般不涉及具体性事务的协调工作。其主要特征:(1) 依据国家层面的法律法规而设立的独立于政府部门之外的常设机构,具有与相关部门同等对话协商的权力地位;(2) 对全国或地区图书馆事业发展政策制定有着重要影响;(3) 具有广泛的民意基础和较高的社会认可度。成员一般由政府直接任命、派遣或公开选聘。决策型理事会拥有法律赋予的对图书馆事务处理的广泛权力、责任和使命,其专注于图书馆事务,能够自由发挥其在图书馆治理中的积极作用。

其主要特征：(1) 通常是依法设立的独立团体,具有法人资格;(2) 理事成员由专业人士担任,专业管理决策能力强;(3) 公开透明运作,赢得公众普遍认可并获得社会力量支持;(4) 尊重公众意愿,引导公众参与,及时接受社会各界的意见和建议。[38]

3.5.3 强化组织架构

我国公共图书馆法人治理可在借鉴公司法人治理结构的经验做法基础上,基于图书馆的公共属性,并且结合事业单位的职能特点,明确公共图书馆法人治理的组织架构,授予理事会行使决策或监督的权力。因此,强化公共图书馆理事会组织架构的设置,是确保理事会相关工作顺利开展的重要前提。[39]

首先,可以尝试实施由两个或多个公共图书馆理事会共同组建的图书馆联合理事会制度,实行图书馆管理主体之间的联合共建。例如在整个地区层面(涵盖市、区县、乡镇、村、社区等各个层面的公共图书馆理事会)建立图书馆联合理事会,共同为本区域内公共图书馆的未来发展提供支持并提出规划建议;与此同时,探索建立各个图书馆理事会成员之间的工作交流与流动机制,实现共建共享。其次,公共图书馆理事会可以设立若干执行委员会、咨询委员会以及政策、立法、服务、人力、财务、审计、设施、项目规划、宣传合作、风险管理等各类专业委员会,挑选委员会成员,对图书馆管理层及各业务部门的工作进行考核、监督、审查,并将审查结果反馈给理事会,为理事会的科学决策提供可靠的实践依据和专业咨询建议。

3.5.4 重视运营评价

科学建立和不断完善公共图书馆理事会的绩效评估制度和内外部监管体系,保证理事会职能充分发挥,并确保理事会对图书馆开展民主、公开、高效的管理和决策活动。内部监督主要采取在理事会内部设立专业委员会,通过建立职能划分、用人权限、薪酬分配等分权制衡及约束机制来实现。外部监督则主要依靠政府和社会监督来达到目的,包括外部审计、年度报告、绩效评价、信息公开等制度。[40]其中,(1)外部审计制度:需由审计机关依法对公共图书馆财务状况进行审计监督,并对法人代表任期届满或离任时实施经济责任审计。(2)年度报告制度:需要通过编制年度报告对公共图书馆年度运行状况进行系统全面地总结,具体包括当年度的重要决策、重要活动、预算和计划执行情况、财务状况以及存在的主要问题等;由馆长负责年度报告的编制,报告需提交理事会审议并及时公开。(3)绩效评价制度:需以行业相关部门制定的绩效评估标准为基础,委托第三方评估机构负责,对理事会自身、图书馆及其管理层的业绩进行评估。(4)信息公开制度:随时通过媒体、网站、宣传手册等多种形式,定期向社会公众公布图书馆各类年报以及图书馆服务内容、服务标准、财务审计制度、政策依据、运作状况、发展战略规划等,广泛接受社会各界的监督和评议;涉及公众利益的重大举措需召开公众听证会。[7]

4 国内公共图书馆法人治理研究热点分析

4.1 文化事业单位法人治理研究概况

4.1.1 数据采集与工具

为了研究国内文化事业单位法人治理研究状况,首先选取国内发表的所有与文化事业单位法人治理相关的文献。国内中文期刊数字化文献库主要有知网(CNKI)、万方和维普等,其中,CNKI所属的《中国学术期刊网络出版总库》(简称CAJD)是全球收录中文期刊最多、学科专业覆盖面最广的持续动态更新的学术资源仓储平台,提供多样化的文献检索策略和遴选方案。CNKI同时还提供了国内各所高校的博硕士论文数据库,以及国内各种会议的数据库。这三种文献的结合,可以大致将国内相关研究内容较为完整的收录。因此,在CNKI中检索的数据,相对会更为全面。同时,CNKI更新较快,因此,数据及时性较强,能够较好地揭示本领域的研究动态。

本研究先以文化事业单位的法人治理为研究主题,在CNKI主题字段中,以"(公共文化 or 文化事业 or 科技馆 or 博物馆 or 文化馆 or 图书馆)and (法人 or 理事 or 理事会 or 治理)"为检索关键词,经过人工筛选后,共得到579篇相关文献(检索日期截止到2016年3月)。

采用信息计量和可视化展示方法对相关内容进行图谱分析与评价。其

4 国内公共图书馆法人治理研究热点分析

中,知识图谱分析工具Citespace是国内主流软件之一。该软件支持多类型项目的共现分析,是由美国德雷赛尔(Drexel)大学美籍华人陈超美博士开发的科学知识图谱分析工具,是一款用于可视化展示科学文献的结构、热点及前沿的Java程序,提供多样化的视图类型来满足不同的绘图需要,并展示学科领域共引和共被引网络演化形态。

4.1.2 时间趋势分析

根据每年发表的论文数,统计出国内文化事业单位法人治理整体时间趋势(图4-1)。从此研究历程看,国内对于文化事业单位的法人治理研究起步于上世纪80年代,当时并没有引起较大关注,但是江苏省对此有一定实践,如江苏省图书馆学会和江苏省博物馆都设立了理事制度,当时就有相关工作的报道和总结。进入上世纪90年代后,研究开始有了一定增长,一些文化事业机构,如贵州、辽宁等地的图书馆学会、博物馆等都初步意识到相关机构理事工作的重要性,开始进行一些探索研究。总体而言,上世纪虽然还没

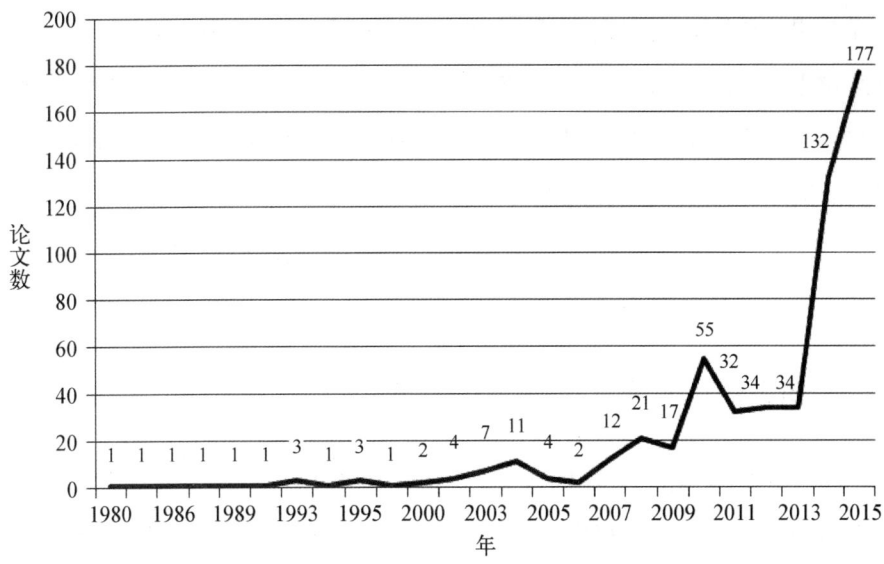

图4-1 国内文化事业单位法人治理研究的发展历程

有正式涉及图书馆等机构的理事制度,但图书馆学会的理事制度也可以作为如今图书馆、文化事业单位理事制度前期基础,为如今发展提供了可借鉴的经验。

2009年7月22日,我国第一部文化产业专项规划——《文化产业振兴规划》由国务院常务会议审议通过。这是继钢铁、汽车、纺织等十大产业振兴规划后出台的又一个重要的产业振兴规划,标志着文化产业已经上升为国家的战略性产业。2010年,中央宣传部、文化部等九部委联合发布了《关于金融支持文化产业振兴和发展繁荣的指导意见》。在这两个指导意见下,国内文化机构的法人治理也出现了第一个发展小高峰。在2010年之前,文化机构法人治理的论文数量每年基本不超过25篇,但2010年当年达到了55篇。可见文化机构都发现了这一发展契机,开始了法人治理的研究,之后几年虽然有所回落,但仍较之前有明显增长。

国内文化事业单位法人治理研究的最高峰出现在2013年后。这与党的十八届三中全会决定有着明显的关系。十八届三中全会对于文化事业单位有着明确建立法人治理结构的要求,因此,各个文化事业单位都开始根据决定开展相关研究。这也造成了2014和2015年两年内,从年发表30篇左右快速增长到2015年177篇。2013至2015年的年均复合增长率超过128%,文化事业的法人治理研究开展极为迅速。而其中所涉及的内容也从开始的活动纪要等纪实性总结逐渐扩展到各级文化事业单位的理事会制度研究、法人主体、相关治理等的多种角度、多个层面的整体研究,使得国内文化事业法人治理的研究呈现出欣欣向荣的局面。

4.1.3 研究热点分析

经过多年的发展后,国内对于文化事业机构的法人治理研究有了较广泛的视角,通过Citespace对中国知网中相关论文进行可视化分析,根据文章的关键词进行自动聚类,共得到6个研究热点群(图4-2)。

4　国内公共图书馆法人治理研究热点分析

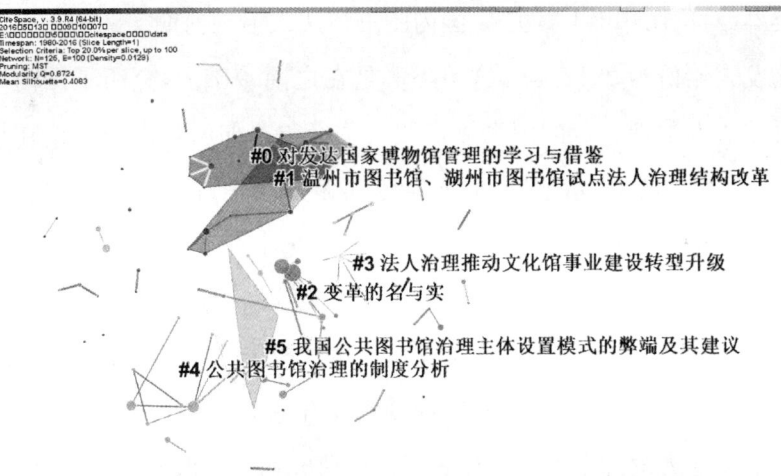

图4-2　国内文化事业单位法人治理研究热点群分析

第一类群（对应图中#0聚类）：博物馆理事工作。这一类群文献平均发表年份为1999年。这一类群主要针对博物馆理事会以及博物馆的发展改革进行研究，既包括了各个博物馆理事会的活动总结，也包括对国外博物馆理事会的介绍，总体介绍了博物馆经历的变革发展。如2011年，国际友谊博物馆张健在考察美国、英国、法国公共文化服务体系下的博物馆宏观管理模式和以美国为主的博物馆内部管理体制，以期学习和借鉴，促进我国博物馆更好地实现博物馆的社会职能，促进博物馆事业的良性发展。[48]其研究分析结果认为，我国博物馆的宏观管理体制与上述三国相比较，小同而大异。最大的不同是我国的博物馆与其上级管理部门之间具有行政隶属关系，各博物馆对上级行政机关的依赖性和上级行政机关对博物馆的管束性都很大。上级主管部门较强的行政权和管理权，从某种意义上造成了我国博物馆成为上级政府行政管理机构职能的延伸，其独立管理、生存和发展的自主权较弱。此外，政府在提供公共文化服务中始终应处于主导地位，并要在市场失灵或其他情况下担负保障的最终责任。这些都是造成国内博物馆发展缓慢或不佳的原因，也是今后改革主要解决的弊端。

第二类群（对应图中#1聚类）：国内图书馆法人治理前期实践。这一类群文献平均发表年份为2012年。这一类群是在之前基础上，介绍了国内率先开展图书馆法人治理试点的图书馆实践改革经验。如温州市图书馆在理事构成、理事产生方式、管办分离、加强监管等多方面进行了一系列创新改革。[61]这些文化机构的试点经验也推进了更多文化事业单位在法人治理上的改革尝试。

第三类群（对应图中#2聚类）：文化事业单位改革。这一类群文献平均发表年份为2010年。这一类群通过国内现有文化事业单位的改革现状，探讨了公共图书馆法人治理结构构建模式。这些研究通过实践找出了原因，如体制问题、模式问题，并提出了相对应的解决方法。如作为国内第一批事业单位法人治理结构试点单位——深圳市图书馆，在2008年启动了法人治理工作，制订了《深圳图书馆理事会章程》和《深圳图书馆理事会决策失误追究制度》《深圳图书馆审计和绩效评估制度》《深圳图书馆年度报告制度》《深圳图书馆信息公开制度》等配套制度。2010年12月成立了理事会，至2014年，深圳市图书馆发现理事会制度并没有实质作用，原因在于理事会制度一直游离于事业单位的国家体制之外。而要使事业单位法人治理结构成为国家政治体制和行政体制的一个不可或缺的组成部分，让政府部门切实转变职能，让理事会真正成为决策和管理机构才能真正发挥理事会作用，也才能让法人治理制度得到真正落实。[43]

第四类群（对应图中#3聚类）：文化馆法人治理。类群的平均发表年份为2014年。重点介绍了国内文化馆法人治理的经验，以试点单位之一的温州市苍南县文化馆为例，介绍了相关内容。[49]文化馆不同于图书馆，重点在于推动艺术表演等活动。苍南县文化馆在法人治理之后，理事会作为公益性服务决策权力机构，参与文化馆在理论调研、精品创作、文化设施、文艺宣传、民间艺术、组织展览和对外交流等公共文化服务等方面的管理和决策，有效地推动了文化馆事业建设在新常态下的装型升级。

第五类群(对应图中#4聚类):法人治理的制度分析。这一类群文献平均发表年份为2013年。针对前期各文化事业单位法人治理的试点,取得了一些成果,也总结了经验。在此基础上,研究者认真分析了弊端与优点,提出了一些有效措施。漯河医学高等专科学校图书馆胡莲香在调查研究后,认为公共图书馆治理不仅是公共图书馆制度,而且它本身的实施也需要一系列制度安排,即建立以理事会为核心的法人治理结构,实现治理的制度化和法治化,进而保障公民自由获取知识或信息的权利,维护公共图书馆制度的合法性。同时,公共图书馆治理的实现还需要《公共图书馆法》等基础性法律的支撑。[50]

第六类群(对应图中#5聚类):公共图书馆法人治理主体结构。这一类群文献平均发表年份为2010年。这一类群主要针对公共图书馆法人治理结构的研究,包括了图书馆法人治理的各个方面,如图书馆法人治理结构、公共图书馆治理主体设置模式、公共图书馆理事会制度、公共图书馆治理模式等,是我国公共图书馆法人治理较为全面的研究集群。同时,其分析了国内公共图书馆法人治理主体的模式的弊端,如黑龙江大学信息资源管理研究中心蒋永福在2010年提出,我国目前只有公共图书馆的建设主体而不存在独立意义上的公共图书馆管理主体,即我国公共图书馆的管理主体被建设主体吞没或代替了;公共图书馆事务完全行政化,公民参与公共图书馆事务的正当权利完全被政府权力所僭越等,同时,作者也提出了一些改进建议,如在治理主体的权力配置上,应突显所有者主体的权力;在建设主体的设置上,应体现责任与能力的对等原则;在管理主体的设置上,应逐步推行理事会制等。[10]

通过文化事业法人治理研究热点聚类的分析可以了解主要的研究领域,进一步分析文化事业机构法人治理研究的热点趋势,观察到国内文化事业法人治理研究由冷落到多角度发展转变过程。由文化事业单位法人治理的论文中,根据题目、文摘、主题词著录项中提取出关键词,根据词频得出每年中出现最多的关键词,由此反映各个年份较多的研究点(表 4-1)。这些关键词分布可以通过 Citespace 中的时区图(Timezone)转换成图的形势,更直观的了解该技术领域的演变趋势。时区图是一种从时间维度上来表示知识演进的视图,可以清晰地展示出文献的更新和互相影响情况,它将结点文献定位在一个二维坐标系中。根据结点文献首次被引用的时间,结点被放在不同的时区中,时间从左至右依次增加,且所放位置的高度也依次增加。一个从左到右,自下而上的知识演进图就直观的展示出来,位于坐标系靠右、靠上的结点可以认为是该知识领域的研究前沿(图 4-3)。

表 4-1 近 5 年内国内文化事业单位法人治理研究关键词

年 份	热 点 关 键 词
2015	公共文化机构、深化改革、温州市图书馆、治理转型
2014	管办分离、博物馆、社会支持、深圳图书馆
2013	共建共享、多中心治理
2012	设置主体、运行机制、自主治理
2011	总分馆制、西方国家公共文化管理体制

从热点关键词与关键词时区图可以发现,上世纪 80 年代中期至 90 年代初期,针对公共图书馆进行了整体分析,特别是对图书馆相关的学会以及国外先进公共图书馆的研究比较关注。例如上海图书馆馆长吴建中就在 1986 年对日本公共图书馆事业做了回顾与发展介绍,其中就提到日本图书馆协会理事会和理事长的一些内容。到本世纪初,图书馆立法是当时的研究热点,文化体制改革开始逐步提出。2008 年前后,理事会制度已经开始成为文化事业单位的关注制度,一些试点单位开始准备理事会的各项工作。近 5 年里,治理主体、体制改革逐渐成为热词,也是各个单位针对问题而开始研究的重点。而博物馆、文化事业单位也出现的较多,这些机构是继图书馆之后开

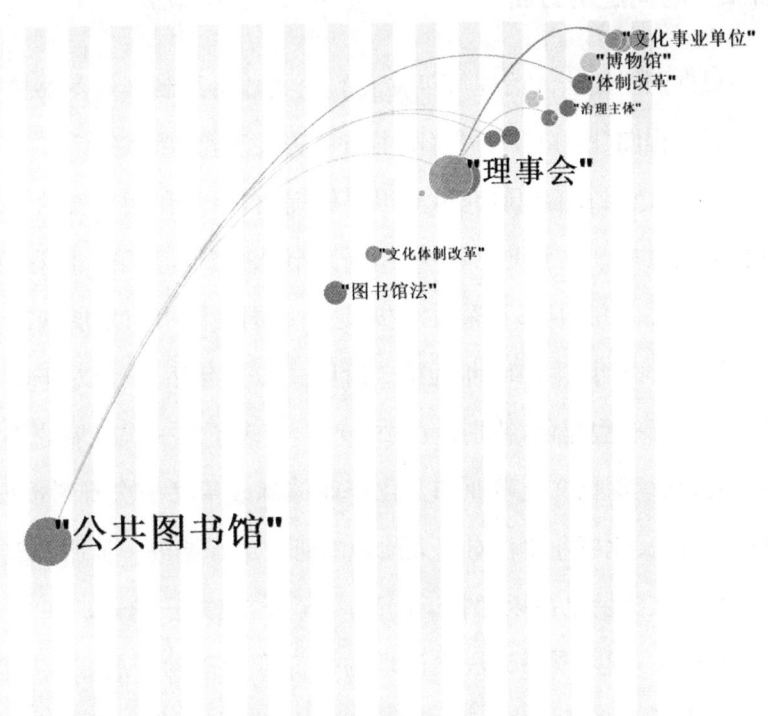

图 4-3 国内文化事业单位法人治理研究的热点趋势

始开展法人治理的又一类主要群体。而这段期间,一些有成绩的试点单位也开始成为研究的关注点,如深圳图书馆和温州图书馆等。

4.2 图书馆法人治理研究热点分析

4.2.1 数据采集

针对图书馆法人治理的研究主题,同样在 CNKI 主题字段中,以"(图书馆)and(法人 or 理事 or 理事会 or 治理)"为检索关键词,经过人工筛选后,共得到 450 篇相关文献(检索日期截止到 2016 年 3 月)。

4.2.2 时间趋势分析

根据图书馆法人治理每年发表的论文数量绘制国内图书馆法人治理研究发展历程图(图4-4),可将图书馆界法人治理的研究分为3个阶段。可以发现,图书馆法人治理研究虽然很早就提出,但是在相当长的一段时间内并没有引起重视。从上世纪80年代开始至2007年,是第一阶段,断断续续的有一些相关研究,但都不深入,主要是介绍国外图书馆发展状况和国内一些探索等。2008年至2013年为第二阶段。2008年后,国内对于图书馆法人治理研究有了一些起色,特别是在2010年,出现了第一次发展的小高潮。2009年之后,继续深化文化事业和文化产业体制改革又一次得到重视,基于这个契机,国内文化事业单位对法人治理的研究也开始进一步加以重视,由此,相关研究论文数量也得以增长。2014年至今,是第三阶段。在十八届三中全会的指引下,国内图书馆法人治理的研究开始蓬勃开展,2014年和2015年总计发表了232篇相关文献,占所有图书馆法人治理文献的51.6%。由此可见,近年来,国内图书馆法人治理的研究已成为新兴热点。以上数据也反映

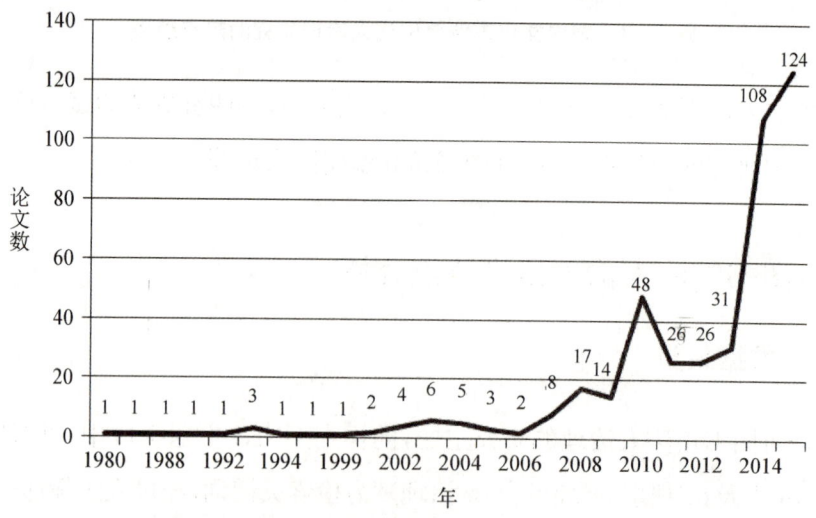

图4-4 国内图书馆法人治理研究的发展历程

出国内公共图书馆法人治理研究从无到有、从有到广的走势,并在改革的大潮中走向内涵发展之路。

4.2.3 研究机构分析

统计结果显示,国内共有163家机构曾参与图书馆法人治理研究(表4-2)。这些机构的分布并不均衡。东南沿海地区的机构参与度较高,华东地区共有44家机构,包括上图情报所、温州图书馆、湖州图书馆等已开展图书馆理事制度的机构;其次是华中地区和东北区域,分别有32家和25家机构。华中地区的河南省有20家机构撰文进行研究,研究力度较为广泛。而包含北京在内的华北区域,在各家机构的带领下,研究实力也较强。西北、西南区域是研究最为薄弱的区域,参与研究机构相对较少。

表4-2 国内图书馆法人治理研究地区分布

省 市		文献数量	机 构
东北 (25家 机构)	黑龙江 (15家机构)	32	黑龙江大学(信息管理学院、信息资源管理研究中心)(16) 黑龙江省图书馆(4) 林甸县图书馆(1) 呼兰师专图书馆(1) 哈尔滨工业大学图书馆(1) 哈尔滨师范大学(图书馆、阿城学院图书馆技术咨询部)(2) 中共绥化市委党校(1) 齐齐哈尔大学图书馆(1) 牡丹江医学院(含图书馆)(2) 黑龙江中医药大学佳木斯学院(1) 黑龙江省社会科学院文献信息中心(1) 海林市图书馆(1) 哈尔滨工业大学图书馆(1) 东北农业大学图书馆(1) 东北林业大学图书馆(4)

续　表

省　　市		文献数量	机　　构
东北 (25家 机构)	吉林 (2家机构)	2	长春图书馆(1) 梅河口市图书馆(1)
	辽宁 (8家机构)	12	大连图书馆(1) 辽阳市图书馆(1) 辽宁省图书馆(4) 辽宁省图书馆学会(1) 辽宁公安司法管理干部学院图书馆(1) 大连海洋大学图书馆(2) 大连理工大学图书馆(1) 铁岭市少年儿童图书馆(1)
华北 (21家 机构)	北京 (13家机构)	25	北京大学信息管理系(6) 北京科技大学图书馆(1) 中国政法大学(图书馆、比较法研究所)(3) 中共中央党校图书馆(1) 国家图书馆(5) 首都图书馆(1) 首都师范大学(图书馆、政法学院)(3) 北京工业大学图书馆(1) 中国科学院文献情报中心(4) 中国文化报社(1) 中国计量学院图书馆(1) 北京信息科技大学图书馆(1) 北京理工大学(1)
	天津 (2家机构)	2	天津图书馆(1) 南开大学商学院信息资源管理系(1)
	河北 (3家机构)	6	唐山市图书馆(3) 河北大学(管理学院、日本研究所)(2) 河北联合大学(图书馆、冀唐学院)(1)
	山西 (3家机构)	3	山西大学经济与管理学院(1) 朔州市图书馆(1) 太原师范学院图书馆(1)

续表

省　　市		文献数量	机　　构
华中 (32家 机构)	河南 (20家机构)	25	漯河医学高等专科学校图书馆(1) 漯河职业技术学院图书馆(1) 中共河南省直机关党校图书馆(1) 漯河市图书馆(2) 河南省图书馆(1) 新乡学院图书馆(2) 安阳市图书馆(1) 安阳师范学院继续教育学院(1) 信阳师范学院图书馆(2) 中共漯河市委党校图书馆(1) 黄淮学院图书馆(3) 河南科技大学图书馆(1) 河南大学图书馆(1) 社旗县图书馆(1) 淇县图书馆(1) 平顶山市图书馆(1) 洛阳师范学院图书馆(1) 河南质量工程职业学院(1) 河南机电学校(1) 河南大学医学院(2)
	湖北 (5家机构)	10	武汉图书馆(2) 武汉华中科技大学附属同济医院图书馆(1) 武汉大学信息管理学院(5) 华中师范大学政治学研究院(1) 湖北省图书馆(1)
	湖南 (7家机构)	7	湖南图书馆(1) 长沙大学图书馆(1) 长沙学院(1) 湖南中医药大学图书馆(1) 湖南税务高等专科学校图书馆(1) 湖南商学院图书馆(1) 湖南大学经济与贸易学院财税系(1)
西北 (10家 机构)	新疆 (1家机构)	1	新疆巴音郭楞蒙古自治州图书馆(1)
	宁夏 (2家机构)	3	宁夏图书馆(2) 银川市图书馆(1)

续表

省　　市		文献数量	机　　构
西北 (10家机构)	青海 (1家机构)	1	青海省图书馆(1)
	陕西 (6家机构)	8	延安大学图书馆(1) 西安科技大学图书馆(1) 西安文理学院图书馆(3) 陕西学前师范学院图书文献与信息传播研究所(1) 中国延安干部学院信息管理处(1) 陕西省图书馆(1)
西南 (11家机构)	重庆 (3家机构)	3	重庆图书馆(2) 重庆大学图书馆(1) 西南政法大学图书馆(1)
	四川 (4家机构)	4	西南石油大学图书馆(1) 四川省图书馆(1) 南充市图书馆(1) 成都理工大学(档案馆、高教研究与评估中心)(1)
	贵州 (2家机构)	2	贵州省毕节市图书馆(1) 贵阳市图书馆(1)
	云南 (2家机构)	2	云南省图书馆(1) 云南民族大学政治与公共管理学院(1)
华东 (44家机构)	山东 (9家机构)	9	山东德州学院图书馆(1) 山东轻工业学院(1) 山东管理学院图书馆(1) 山东农业大学(1) 山东外贸职业学院图书馆(1) 山东省文化馆(1) 聊城大学图书馆(1) 金乡县图书馆(1) 滨州学院图书馆信息咨询部(1)
	江苏 (9家机构)	15	南京图书馆(5) 金陵图书馆(3) 金陵科技学院(1) 淮阴师范学院图书馆(1)

续 表

省　　市		文献数量	机　　构
华东 (44家 机构)	江苏 (9家机构)	15	江苏省图书馆学会(1) 泰州学院图书馆(1) 江苏理工学院图书馆(1) 江苏大学科技信息研究所(1) 江苏食品职业技术学院图文信息中心(1)
	上海 (8家机构)	16	上图情报所(3) 上海浦东图书馆(1) 上海社会科学院(文学研究所、创意产业研究中心)(6) 上海市奉贤区图书馆(1) 华东师范大学商学院信息学院(2) 闵行区图书馆(1) 上海交通大学(人文艺术研究院、图书馆)(2) 上海对外经贸大学工商管理学院(1)
	浙江 (8家机构)	13	湖州市图书馆(1) 台州市椒江区图书馆(5) 衢州市图书馆(1) 温州市图书馆(2) 温州市事业单位登记管理局(1) 嘉兴职业技术学院(1) 浙江医学高等专科学校(1) 浙江旅游职业学院社会科学部(1)
	安徽 (4家机构)	10	安徽大学管理学院(5) 安徽省图书馆(3) 池州学院(1) 合肥市图书馆(1)
	福建 (6家机构)	6	集美大学图书馆(1) 莆田学院图书馆(1) 福建省图书馆(1) 福建师范大学社会历史学院(1) 厦门市图书馆(1) 湄洲湾职业技术学院图书馆(1)

续 表

省　　市		文献数量	机　　构
华南 (17家 机构)	广东 (12家机构)	27	华南师范大学管理学院(1) 茂名市图书馆(4) 汕头大学出版社(1) 汕尾市图书馆(1) 深圳市图书馆(12) 东营市文化活动中心(1) 广东农工商职业技术学院图书馆(1) 深圳市科技图书馆(深圳大学城图书馆)(1) 中山大学(资讯管理系、珠海校区图书馆、图书馆特藏部)(2) 湛江师范学院图书馆(1) 深圳市宝安区图书馆(1) 佛山科学技术学院图书馆(1)
	广西 (3家机构)	3	广西财经学院图书馆(1) 广西科技师范学院图书馆(1) 广西国际商务职业技术学院(1)
	海南 (2家机构)	2	海南师范大学图书馆(1) 海南大学图书馆(1)
港台 (3家 机构)	香港 (2家机构)	1	香港中文大学图书馆(1) 香港科技大学图书馆(1)
	台湾 (1家机构)	1	法治家文创事业有限公司(1)

注：表中"机构"栏内发表文献数总和较"文献数量"栏内数字大的原因是各机构之间有合作发文现象。

从省市角度统计，河南、黑龙江、北京分别有20家、15家和13家机构进行研究，都是研究较多的省市，而西南地区省份多数仅有2家机构进行研究。从研究数量看，黑龙江32篇，广东发表了27篇相关论文，北京和河南均发表了25篇，上海16篇，分别代表了国内图书馆法人治理研究最多的5个省市，也是国内开展图书馆理事会工作较为领先的地区。

研究机构中，多数均为独立研究，而北京、上海、黑龙江、山东、广西、广东、湖北、湖南、江苏、重庆、海南、山东、云南、陕西和香港的15个省市机构具有合作现象,但这些合作发表的论文数量不多。合作包括两种方式,如同一城市的合作(北京科技大学图书馆与中国政法大学比较法研究所,香港的两家大学之间合作),两个大城市之间的合作(北京大学信息管理系和华东师范大学商学院信息学系、上海社会科学院和深圳图书馆、广西财经学院图书馆和华南师范大学管理学院、湖南图书馆与武汉大学、海南师范大学和山东外贸职业学院等)。由此,目前研究的主要机构仍是大城市的大机构,合作现象较少。合作群中,多数为2家单位的合作,较大的合作群为黑龙江大学、黑龙江省图书馆、东北林业大学图书馆、哈尔滨师范大学阿城学院图书馆、牡丹江医学院图书馆5家单位合作研究的群体,这些机构均处哈尔滨市,反映了哈尔滨市的机构联合程度较高。

从研究机构类型看,主要分为大学和图书馆两大类,个别的还有一些出版社或文化中心也参与了少量研究。其中,大学等研究机构共52家,国家或省市地区图书馆54家,大学图书馆共57家,三者比例大致相当,也表明大学与图书馆在图书馆法人治理研究方面所投入的力量相当,而大学图书馆结合了大学力量与图书馆自身研究团队,研究实力略强。

这些机构中,黑龙江大学是最为突出的机构,总共发表了16篇相关论文,展示出黑龙江大学在图书馆法人治理中的实力;排在第二的深圳图书馆发表了12篇论文,也是图书馆界里最为关注图书馆法人治理的机构。之后是北京大学、上海社会科学院(均为6篇)和武汉大学、安徽大学、国家图书馆、南京图书馆、台州市椒江区图书馆均发表了5篇论文,这些大学均对图书馆信息领域比较重视,而台州市椒江区图书馆也是图书馆改革试点单位之一,因此,研究力度较大,成果也较多(图4-5)。

4.2.4 主要研究者分析

统计结果显示,共有280位作者开展了图书馆法人治理研究,发文数量最多的是黑龙江大学信息管理学院副院长、信息资源管理研究中心主任蒋永

图4-5 国内图书馆法人治理研究机构分布

福,共发表16篇论文;其次是浙江省台州市椒江区图书馆阮胜利,发表了7篇论文;深圳图书馆党委书记肖容梅、上海社会科学院冯佳,均发表了6篇有关论文,深圳图书馆王冬阳发表了5篇论文,上述研究者是国内主要的研究人员。

蒋永福侧重于理论研究,比如内容主要涉及管理体制、行业管理、制度的理论基础等方面的研究,可谓学院派的代表,主要研究方向是法人治理结构。他认为法人治理结构一般由决策层、执行层和监督层3个方面的相互协调、相互制衡关系构成,公共图书馆的法人治理结构也是由这3个方面的协调与制衡关系构成。[12]同时,他还研究了国外图书馆理事会的构建和相关措施等。[13]

阮胜利对图书馆法人治理的体制与结构进行了深入研究,同时对治理机制的概念和内涵也进行了深入探讨。[51]他认为我国图书馆治理及其机制的概念与内涵可分解描述为:广义的图书馆治理是指各类图书馆治理主体对图书馆事务进行管理的诸多治理方式的总和。其特征有:治理主体的多元化;制度安排的非单一;行为方式的多样化;权力监督机制的对称、多向、效益;权利救济机制的开放、公正、高效;公共治理责任机制的严密、分散、多样。

来自北京大学信息管理系博士后在上海社会科学院工作的冯佳以介绍并研究国外公共图书馆机构的法人治理结构见长,且主要集中在美国公共图书馆,有详实的机构分布、数据。向国内同行打开了一扇窗,可以不出国门学习西方发达国家的科学管理体制。其研究的国外图书馆法人治理活动,对我国法人治理具有较大借鉴作用。目前,已分别对美国波士顿[52]和俄亥俄州[53]图书馆理事会制度进行了分析与研究,并就国外先进经验对我国图书馆理事制度提出了相关建议。

肖容梅的论文都是从深圳图书馆、广州图书馆和深圳福田区图书馆理事会建设的实践为出发点,研究分析国内公共图书馆法人治理结构的现状、制度建设、难点和破解方法探索,可谓实践派,这与广东省的公共图书馆在此项试点改革中走在国内前列不无关系。早在2008年她就开始初步探索了图书馆法人治理结构,分析了公共图书馆建立法人治理结构的框架和程序,对法人治理结构的核心——理事会的性质、基本职能、理事会的组成与产生、理事的权利与义务、理事会的议事规则以及理事会与管理层的关系进行了探索性研究。[44]之后,深圳图书馆作为首批法人治理试点单位,在试点过程中,总结了不少经验。因此,在2014年,肖容梅结合深圳图书馆法人治理的情况,撰写了多篇图书馆法人治理实践的论文[43][45],介绍了深圳图书馆的一些发展经验,总结了其中存在的问题,并提出下一步发展的可行方法等。

王冬阳主要对公共图书馆法人治理的发展过程进行阶段划分,并进行演化分析,其将我国公共图书馆法人治理改革进程分为参与型理事会、监督型理事会、决策型理事会和法定型理事会等几个不同发展阶段,并从政府职能转变与授权情况、公共图书馆自主治理范围拓展、公共图书馆理事会效能发挥等方面对不同发展阶段的公共图书馆法人治理进行分析。[54]

综上所述,学术研究明显分为以蒋永福为代表的学院派和以肖容梅为代表的实践派。学院派从事相关研究的时间比实践派略早,都来自院校或社科院等学术研究机构;实践派全都来自图书馆系统。

此外,有一个人虽然发文不多,却很值得一提,那就是文化部国家公共文化服务体系建设专家委员会主任、北京大学信息管理系的李国新教授。他于2014年发表的《公共图书馆法人治理:结构·现状·问题·前瞻》完整地阐述了我国公共图书馆法人治理结构的研究成果、实践现状、存在问题中的矛与盾以及存在问题的根结,可谓一针见血。[41]

从合作角度看,国内图书馆法人治理的论文仍以个人单独发表为主,形成研究团队的较少。其中最大的合作团队是以深圳图书馆肖容梅作为课题组长,与吴晞、汤旭岩、万群华、梁奋东、肖永钐、刘杰民、邱维民共同组建的8人团队。其次是黑龙江大学蒋永福与李佳、李京、王清远、张世颖、王明慧、李海英构成7人研究团队以及牡丹江医学院图书馆与东北林业大学图书馆构成的7人团队(孙雅欣、陈新红、郭冬梅、刘明、王琳琳、郑坤、王爱莉),其余还有2个4人小组、9个3人团队和26个合作对。从合作发文数量情况看,虽然存在合作研究现象,但每个合作组共同发文的数量仍较少,表明这些合作研究还未形成固定的长期研究模式,国内图书馆在法人治理研究方面还未形成合作研究模式(图4-6)。

4.2.5 研究热点分析

图书馆法人治理研究经过数十年的发展,在各个方面都有所进步,目前,图书馆法人治理研究热点集中在4个方面(图4-7)。

4 国内公共图书馆法人治理研究热点分析

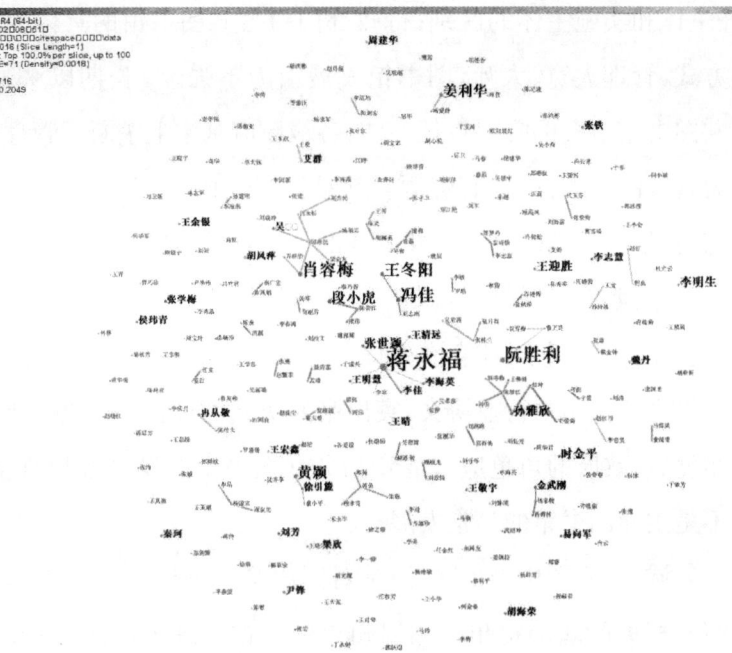

图 4-6 国内图书馆法人治理研究研究人员分布

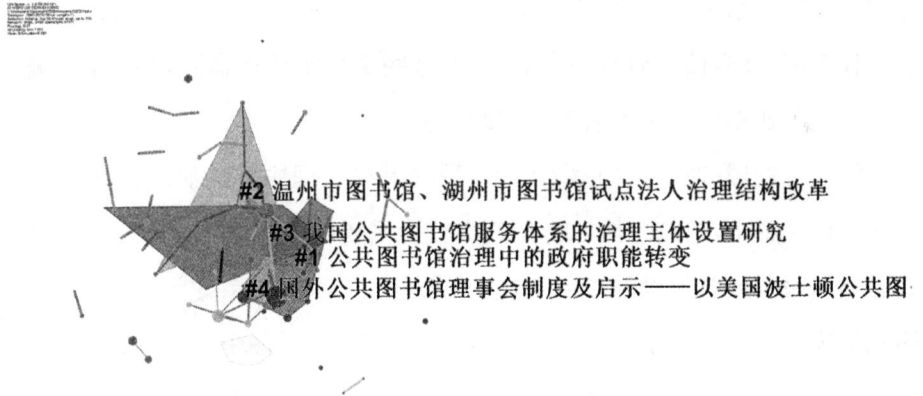

图 4-7 国内图书馆法人治理研究的热点群

第一个领域是有关政府职能的研究(对应图中♯1聚类)。长期以来,由于我国政府实行的是全能主义行政理念,推行"小社会、大政府"的管理模式,在公共图书馆领域造成政府职能错位、缺位和越位问题,使公共图书馆服务效率不高。这主要表现为:政府包办一切,管办不分,公共图书馆自主权不够,责任主体和实施主体的区别;行政部门对公共图书馆的具体事务采取直接干预方式,管理太宽、太死,图书馆发展活力不强。[55]长期以来,政府被认为是公共图书馆事务的唯一责任主体,各级政府基本上垄断了管理公共图书馆的权力,掌握了所有的核心资源。就是说,政府一方面是公共图书馆提供服务的有力组织者,同时又是公共服务的生产者、提供者。因此,在进行图书馆改革时,政府职能必须打破长期以来的统治地位。而公共图书馆总分馆体系的建设主体责任上移可能会有效促进图书馆的进一步发展。此外,政府还可以积极培育公共图书行业协会,突出服务功能,强化公共职能;建立图书馆理事会制度后,政府的角色应该界定为公共图书馆的设立者和监管者,有效监管而不是主导图书馆的日常发展。

第二个领域(对应图中♯2聚类)是对国内第一批试点法人治理图书馆的经验介绍与相关问题的提出。如温州市图书馆在理事构成、理事产生方式、管办分离、加强监管等多方面进行了一系列创新改革。首先,其加大了外部理事比重;此外,推行了多种措施,包括:率先推行理事公开招募;加大放权授权力度;健全监督管理机制;等。[61]这些文化机构的试点经验也推进了更多文化事业单位在法人治理上的改革尝试。

第三个领域(对应图中♯3聚类)是图书馆治理主体的研究。在图书馆法人治理改革中,治理主体一直是其中较为重要的问题之一。治理主体是公共图书馆服务体系建设的参与者,包括所有者、设置主体、建设主体、管理主体和实施主体等。其中,设置主体是设置(举办)公共图书馆的各级政府,负责为某一区域提供覆盖全区域的、普遍均等的公共图书馆服务;建设主体是负责公共图书馆建设所需经费的政府;管理主体是行使公共图书馆决策权力的管理机构,决策权力由代行公共图书馆所有权的设置主体行使或授予其他机构行使;实施主体是指治理单元内各个公共图书馆。针对不同类型的图书馆,治理主体将有不同的部门或责任。合理设置公共图书馆的设置主体,可以明确服务体系设置的责任、提供公共图书馆服务的主要责任和管理责任。

合理设置建设主体,可以明确各级政府经费投入的责任;明确主要建设主体设置,保障大部分经费的投入。设立公共图书馆理事会,完善法人治理结构,即明确了设置主体授予理事会决策的权力,实现了公共图书馆所有权和管理经营权的分离,理事会把管理执行权授予公共图书馆管理层,实现决策权力与管理执行权的分离。[56]

第四个领域(对应图中♯4聚类)是对国外图书馆法人治理的介绍与分析。世界上最早的图书馆理事会制度可以追溯到1848年。这一年,美国马萨诸塞州议会通过了一项法案,决定在波士顿市建立公共图书馆,而该公共图书馆作为美国大城市依法设立的最早的公共图书馆,在管理方式上创造了一个很好的范例——由理事会来掌握办馆方针,极具现代管理理念。波士顿公共图书馆创建至今,在美国图书馆界一直起着领导作用。[52]而图书馆理事会制度在我国实施时间不长,还处于刚刚起步阶段,其制度尚未健全。针对我国图书馆理事会制度的起步,借鉴波士顿图书馆多年的先进经验,将加快我国图书馆理事会制度的建设,特别是建立健全的法制、完善的理事会制度、变革的理念以及社会的支持将有助于国内图书馆的蓬勃发展。

从图书馆法人治理研究的热点趋势看,同样经历了多个发展阶段。在上世纪90年代初期,图书馆法是初期研究的主要方向;到了2004年左右,针对政府、法人的作用及影响的研究有所增加;2010年后,图书馆法人治理的研究进入快速发展时期,针对治理主体、治理结构、治理模式的研究不断出现,因此,治理主体、管理主体、治理结构等都成为近几年使用频率较多的词语(表4-3)。随着一些图书馆法人治理制度的试点实施,一些相关的词语也频繁出现,例如共建共享、管办分离、配套机制、社会支持等既有已实施的制度,也有建议推广实行的举措(图4-8)。此外,温州图书馆作为试点图书馆法人治理的单位之一,近年来已取得一定成效,受到其他兄弟单位的关注,针对温州图书馆的改革内容也使温州图书馆成为近年来的热词。相信随着更多图书馆的改革,更多新的制度的出现,图书馆法人治理的新热词会不断出现,图书馆法人治理的效果也将越来越优化。

表4-3 近年来国内图书馆法人治理研究的主要关键词

年份	热点关键词
2015	管办分离、监督机制、配套机制、温州市图书馆
2014	发展阶段、外部治理
2013	定位、职能、多中心治理
2012	治理主体、合作治理
2011	总分馆制

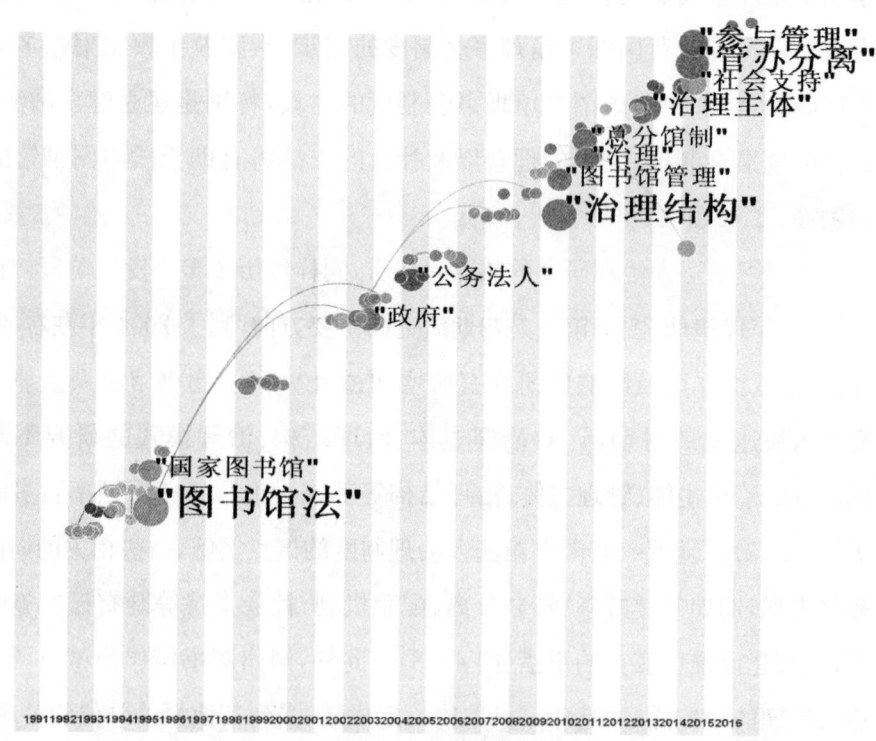

图4-8 国内图书馆法人治理研究的热点趋势

4.2.6 重点研究成果

研究质量高自然会受到更多关注,被引用的机会也更大。而一般被引次数越高的论文也反映出这篇论文受到大家的认可,很可能是具有开创性研究的论文或经典的论文。在图书馆法人治理的研究中,选取了被引次数排在前十的论文,可以发现目前研究的基础内容与重要研究学者。

从研究机构看,中国科学院文献情报中心的学术成果最受关注,共有4篇论文进入前十,分别排在第1、第3、第4和第7,其中黄颖参与了所有相关研究,排名第一的图书馆治理的制度比较就是其博士论文。这些论文的发表年份都为2003—2004年,属于图书馆法人治理的初期阶段,也表明中国科学院文献情报中心和黄颖是较早深入探讨且取得重要成果的机构与研究者,但他们的论文均在21世纪初发表,近几年内没有新的研究成果发表。黑龙江大学有3篇论文进入前十,分别排在第2、第6和第8,其中蒋永福参与了两篇的撰写。此外,深圳图书馆肖容梅团队有2篇论文进入前十,上海社科院冯佳也有一篇论文进入前十。排名前十的机构与作者,与各自论文发表数量排名相当,再次体现了蒋永福、肖容梅、冯佳是目前国内图书馆法人治理研究的主要研究者(表4-4)。

表4-4 图书馆法人治理结构被引次数前十的论文

排名	题名	作者	机构	发表年	被引次数
1	图书馆治理的比较制度分析	黄颖	中国科学院研究生院(文献情报中心)	2004	64
2	我国公共图书馆服务体系建设:治理模式研究	梁欣	哈尔滨师范大学阿城学院图书馆;黑龙江大学	2009	61
3	图书馆治理:概念及其涵义	黄颖;徐引篪	中国科学院文献情报中心	2004	53

续 表

排名	题名	作者	机构	发表年	被引次数
4	从"统治"到"治理":管理图书馆范式的演变	黄颖	中国科学院文献情报中心	2003	41
5	公共图书馆管理体制研究	肖容梅;吴晞;汤旭岩;万群华;梁奋东;肖永钗;刘杰民;邱维民	深圳图书馆	2010	39
6	论图书馆治理	蒋永福	黑龙江大学	2008	37
7	美国图书馆理事会及其启示	徐引篪;盛小平;黄颖	中国科学院文献情报中心	2004	36
8	论公共图书馆法人治理结构	蒋永福	黑龙江大学	2011	34
9	我国公共图书馆法人治理结构建设现状与分析	肖容梅	深圳图书馆	2014	31
10	国外公共图书馆理事会制度及启示——以美国波士顿公共图书馆理事会制度为例	冯佳	北京大学	2010	30

从研究内容看,被引次数排名前十的论文从早期的图书馆治理范式这一较为宽泛的概念开始,逐步发展到管理体制、管理模式等具体内容,同时也结合了国外图书馆的先进经验。最近的高被引文章是肖容梅对我国图书馆法人治理的现状与分析。这些高被引的论文从外围到内部实践,从国外经验到国内总结,反映了国内图书馆法人治理研究的基本发展方向。

进一步分析,国外经验中,美国、英国、新加坡三国的公共图书馆法人治理机构、模式、运行机制被引率最高;国内实例中,深圳图书馆、广州图书馆和温州图书馆的经验被引用率最高,这些馆多年的前期准备、探索和总结等信息具有一定的示范价值。

4.2.7 研究期刊分析

图书馆法人治理的研究共涉及 62 本期刊及论文会议录,其中 70% 的期刊为图书情报类期刊,此外,也有一些涉及大学学报、法律或经济类期刊。发文量排名前十的均为北大和 CSSCI 的核心期刊,其中发文量最多的期刊是《图书馆建设》,共有 36 篇相关文献发表于该期刊。该期刊所反映的主题内容也与图书馆法人治理非常贴近,因此发表的相关研究成果也最多(表 4-5),2010 年,该期刊还举办了图书馆社会责任专栏。

表 4-5 图书馆法人治理结构发文数量排名前十的期刊

排名	期刊名	论文数量	复合影响因子	综合影响因子
1	图书馆建设	50	1.032	0.906
2	图书与情报	31	1.872	1.536
3	国家图书馆学刊	22	1	0.874
4	新世纪图书馆	21	0.519	0.399
5	图书馆学研究	20	1.023	0.817
6	图书情报工作	19	1.748	1.365
7	图书馆	18	1.024	0.861
8	图书馆工作与研究	14	0.782	0.689
8	图书馆杂志	14	1.188	1.036
8	图书馆理论与实践	14	0.564	0.442

其中,排名前十的均为图书情报专业期刊,可见图情类期刊在知识传播和转移中发挥了关键性作用,为推动国内公共图书馆法人治理研究不断迈向深入做出了学术贡献。

另外,图书馆界最为权威的期刊《中国图书馆学报》中也有 6 篇图书馆法人治理的论文发表,由于该期刊的发文要求极高,难度较大,也使得发表相关论文的数量偏少。但是发表于该期刊上的论文质量也相对较高,6 篇论文中包括了被引次数排在第 1、第 2 和第 4 的 3 篇论文,表明该期刊的高质量。

4.2.8 资助基金分析

图书馆法人治理的研究受到国家和各地区的积极关注。从国家层面看,国家社会科学基金和国家自然科学基金都在一定程度上支持了这类研究。至今为止,国家社会科学基金资助项目中发表了33篇相关论文,国家自然科学基金资助项目共发表了4篇相关论文。

在33篇国家社会科学基金资助项目论文中,黑龙江大学蒋永福一人占据了12篇,超过了1/3,显示其研究的重要性。他所有的研究都出自国家社会科学基金"我国公共图书馆治理结构优化研究"(项目编号:09BTQ006)的成果,这也是唯一一个主要以公共图书馆治理结构为主题的国家社会科学课题。此外,该项目还联合了台州椒江区图书馆阮胜利等人一同参与。另一个比较重要的基金是国家社科基金重大项目"加快公共文化立法,提高文化建设法制化水平研究"(项目批准号:12&ZD032),其中,对大英图书馆、伦敦图书馆、纽约公共图书馆、波士顿公共图书馆等的图书馆治理结构进行了研究分析,较为系统全面的介绍了国外世界级图书馆的治理成果。

国家自然科学基金的资助项目是由中国科学院文献情报中心黄颖等人发表的4篇学术论文与博士论文,这4篇文献分别发表于2003和2004年,涉及图书馆治理的制度分析、概念及其含义、图书馆范式的演变以及美国图书馆理事会的研究分析,这些论文研究虽然较早,但却有着相当重要的影响,被引次数均非常高,也体现了国家自然科学基金项目的价值。

4.2.9 小结

通过对相关论文的分析和解读可见,公共图书馆法人治理结构研究已取得阶段性的进展,形成了较为稳定的研究力量、研究流派、载文期刊和主题领域。从时间维度来看,国内公共图书馆法人治理研究兴起于2008年,前后经历了早期探索阶段和发展上升阶段,到2014年迎来了井喷阶段,理论与实践研究齐头并进之势明显。从载文期刊来看，国内公共图书馆法人治理结构研究的期刊的层级分明，专业领域高度集中于图情学科。从作者维度看，明显分注重理论研究的以高校系统为代表的学院派和以图书馆业内人士为代表的实践派，但两者是相辅相成，促进法人治理结构研究的良性发展。从研究主题聚类分析进一步证实，国内公共图书馆法人治理研究质量上乘，精品迭出，研究主题中总体情况，国外经验，国内实例列前三甲，理论和实践结合率高；且这些论文的被引率高，学术研究气氛融洽，积极向上，为国内公共图书馆法人治理结构改革推进提供了坚实的参考支撑。

4.3 图书馆法人治理研究的特点与趋势

4.3.1 图书馆与文化事业单位法人治理研究比较

1. 两者的相似性

（1）发展过程相同。我国文化事业单位在法人治理方面的研究一直较为薄弱，图书馆属于文化事业单位，其发展前期也较少有深入研究。在上世纪90年代后，文化事业单位以及图书馆的法人治理研究开始慢慢呈现向上态势，但研究数量仍较少。图书馆法人治理的研究也一直断断续续的持续着，数量同样较少。进入本世纪后，文化事业单位的法人治理受到了一定程度的重视，研究数量开始增多。但真正爆发性的增长均开始于2013年后，党的十八届三中全会强调，文化建设是中国特色社会主义五位一体总体布局的重要内容，文化体制改革是我国全方位改革事业的重要组成部分。其中，深化公益性文化事业单位改革也是重要目的之一。公益性文化事业单位是构建现代公共文化服务体系的骨干力量。要按照国家分类推进事业单位改革的总体要求，明确不同文化事业单位功能定位，深化公益性文化事业单位内部改革，完善绩效考核机制，突出公益属性、强化服务功能、增强发展活力。探索建立文化事业单位法人治理结构，推动公共图书馆、博物馆、文化馆、科技馆等组建理事会,吸纳有关方面代表、专业人士、各界群众参与管理,创新运行机制。在中央精神引导下,各地大学、图书馆、博物馆等文化事业单位纷纷开展了法人治理的研究,有关法人治理的研究开始形成热潮,研究数量直线提升。图书馆法人治理在文化事业单位中占据了较大比重,其整体趋势与文化事业单位的法人治理研究相同,也呈现出蓬勃向上的发展态势。

(2)发展趋势相同。文化事业单位与图书馆在前期的法人治理研究中都选择了吸收国外经验,对国外图书馆等文化事业单位的改革与现状进行了充分调研。近几年,研究都转向了自身的改革举措和实践经验,体制改革、管办分离等成为热点关键词,也反映出整个行业都在寻找适合自身的改革体制,希望在政府支持的有利局面下,更好的开创文化事业单位的新局面。

2. 图书馆法人治理研究的特点

(1)图书馆研究比重占优。图书馆法人治理研究虽然起步晚于整个文化事业单位的法人治理研究,且中间并不如文化事业单位的研究那么有连续性。但图书馆法人治理研究是整个文化事业单位的重点,其研究数量占据整个文化事业单位法人治理研究的2/3,表明图书馆在整个文化事业单位机构中具有举足轻重的地位。

(2)图书馆研究改革领先。虽然图书馆与文化事业单位的法人治理研究一样,都经历了国外学习、国内尝试,由体制主体到制度的改革试点过程,但图书馆法人治理研究更领先于文化事业单位的法人治理进程。在研究过程中,多个地区的多个图书馆率先开始了改革试点,由此出现了温州图书馆、上图情报所等单位成为近两年的热词,而这些图书馆也是改革的领头机构。相比于博物馆、文化馆等其他文化事业单位的研究,图书馆研究的效果也最为明显,影响力优于其他文化事业单位。

(3)案例典型突出。图书馆法人治理属于率先试点改革的先头兵,在近期的研究中,图书馆法人治理研究出现了一些较为突出的机构。例如温州图书馆、上图情报所等都开展了初有成效的理事会制度。温州图书馆于2014

年正式成立理事会,以"四个突破创新"凸显了法人治理结构建设的四项成效,即理事产生的创新,面向社会公开招募;理事构成的突破,社会代表比例增大;理事长人选的突破,社会代表理事"掌舵";运行管理的突破,明确理事会参与人、财管理权限,实现了政府与图书馆的"管办分离",保证了党和政府对图书馆的有效领导,实现了图书馆利益相关群体的共同治理,激发了社会力量参与公共文化服务建设的积极性。同时,其积极推行图书馆内部管理机制改革,建立以岗位管理、全员聘用、绩效考核三项制度为核心,干部管理、绩效工资管理、岗位竞聘、日常工作管理四项机制为配套的事业单位综合管理体系,完善事业单位工作机制。

4.3.2 图书馆法人治理研究的演变过程

图书馆法人治理研究虽然时间不长,但在这30余年时间里也经历了不同阶段,从初期预备到中期研究,以及如今的实践总结,演变过程让国内图书馆法人治理研究更趋于深入。根据年发表论文数量的趋势,大概可分为如下4个阶段。

1. 初期预备阶段(2000年之前)

2000年之前,图书馆的法人治理改革还未开始,但图书馆学会的理事会制度却已在实施,这些学会的理事会对图书馆事业起到了一定的推动作用,对之后图书馆理事会制度发展也起到了一定借鉴作用。此外,这段时间,对于国外图书馆的制度研究也起到了重要作用。如上海图书馆吴建中和河北大学日本研究所姜焕柱都对日本图书馆的发展进行了研究,特别是对战后日本图书馆的变化进行了介绍分析,为我国图书馆之后的改革提供了大量信息。

2. 早期萌芽阶段(2000—2006年)

2000年起我国各项社会事业取得长足进步,图书馆事业发生很大变化,但仍然存在问题,比如投入产出比例失调、区域性发展不均衡、资源配置结构老化。汪晓茵认为,这些问题是阻碍我国图书馆事业可持续发展的重要因素,固有的图书馆管理体制不能适应内外部环境变化,制度创新成为获得新动力的途径;作为崭新的实践应用,治理为我国图书馆发展模式注入新的元素,以获得图书馆所在社会关系的动态平衡。[57]这一时期,中国科学院文献情报中心黄颖等人在2003年左右撰写了多篇极有影响力的文章,不仅从图书馆治理的比较制度、图书馆范式进行了深入研究,还对美国图书馆理事会制度进行了分析。[58-60]但这些研究基本都是借鉴国外情况,分析我国现存的问题,但还没有提出有效的解决方案。

3. 中期探索阶段(2007—2010年)

这一阶段,国内对图书馆法人治理的内涵、体制、模式进行讨论,期望寻找一条适合的治理途径。台州椒江区图书馆阮胜利研究认为,图书馆治理需要从传统管理模式向公共管理模式的理性转型。通过实施政事分开、管办分离,可以合理区分图书馆公共服务与公共管理的不同内涵,从而确定图书馆治理机制的内涵。[51]而哈尔滨师范大学阿城学院图书馆梁欣对公共图书馆治理的概念进行界定,提出公共图书馆治理的目标,即以"图书馆权利"观念为核心,更好地保障公民的图书馆权利。在系统研究图书馆治理结构的基础上,导出我国公共图书馆服务体系建设的治理模式应为"政府领导、多元参与建设、理事会管理、社会协同"的公共治理模式;并提出总分馆体系是公共图书馆服务体系建设的有效模式之一,应从管理体制、人员、经费、设置要求、建设标准等9个方面构建总分馆建设的治理模式。[56]这些研究为下一步实践探索打下了坚实的理论基础。

4. 近期实践阶段(2010年至今)

随着国家对文化事业单位的改革推进,一些图书馆开始试点法人治理制度。在前期研究探索之后,开始真正的图书馆改革。在实践过程中,也必然会出现一些问题,针对这些问题,研究者们开始了实践的尝试与总结。黑龙江大学张世颖、蒋永福以国内各省及黑龙江省各县(市)人均GDP水平作为表征地区差异的依据,认为黑龙江省公共图书馆建设主体设置及其总分馆服务体系构建可采用"3—3模式",即设置3类建设主体,并相应地建立3类总分馆服务体系。其中每一种模式的实施都需要具备相应的条件,所以在实施过程中应该作出相应的改造或调整。[22]深圳图书馆肖容梅介绍了深圳图书馆几年来的改革过程,提出深圳图书馆法人治理结构的建立大致可分为两个阶段。第一阶段为筹备阶段(2007—2009年),在文献调研与实地考察后制定实施方案,并拟定理事会章程及4个配套制度草案;第二阶段为实质性操作阶段(2010—2013年)。经过实践后,作者认为深圳图书馆的法人治理结构建设尚处于试点和起步阶段,虽然取得了一些成效,但进展并不太理想,还存在一些问题,如配套制度衔接不力导致改革后劲不足、图书馆章程与地方立法修订未能及时跟进、理事会决策缺乏专业委员会的支撑等。[43]

纵观国内图书馆法人治理研究的发展演变过程,从借鉴学习到概念和理论的初步研究,再发展到如今试点实践,总结经验与不足,正在一步步地向完善的图书馆法人治理制度迈进。随着更多图书馆加入改革,理论与实践的不断改进,未来图书馆将建立更适合的发展体系,使图书馆发展更为顺畅有利。

4.3.3 图书馆法人治理的研究趋势

1. 处于快速发展时期

图书馆法人治理的研究起步较晚,但发展速度却是文化事业单位中最快的。特别是党的十八届三中全会之后,全国的文化事业单位在法人治理研究方面都呈现出快速上升的繁荣局面,其中,图书馆法人治理更是重中之重。从2014和2015年的发展趋势看,未来两年中,法人治理仍旧是图书馆研究发展的重点。目前,图书馆法人治理的实践还处于尝试阶段,总结经验,针对这些实践以及探索将可能是未来的研究方向。由此总结而出的相关研究成果将也会增加,带动图书馆法人治理研究进一步发展。

2. 发达地区图书馆领先改革

从研究地区看,北京、上海、广东最先,也是最快开展的地区。其中,北京、上海和广东是国内经济最为发达的地区。因此,这些地区的图书馆也最先获得信息,最快投入实践中。从实际的改革机构看,温州图书馆、深圳图书馆、上图情报所的实践或研究都已有不少成效,这些图书馆也均处于经济发达地区。未来,这些地区的图书馆将更多地加入改革或研究中,以促进中国图书馆的进一步发展。

3. 吸收经验继续改进发展模式

国内图书馆法人治理的研究缺乏经验,所以在初期预备和早期萌芽阶段学习了国外图书馆先进的发展模式与经验。在此基础上,结合中国的国情,对国内图书馆的实际状况进行了分析,从各自图书馆实际出发,进行针对性的改进及制度制定,并逐步建立了理事会制度。未来,在现有制度情况下,吸取先进经验,结合自身实际,开拓更适合的发展模式将是未来发展模式之一。

4.4 小结

经过数十年的发展,国内公共图书馆法人治理研究已取得阶段性的进展,同时,国内图书馆界也形成了两种明显的研究方向。一种是以黑龙江大学蒋永福为代表的理论研究,主要针对图书馆理事会的管理体制、行业管理、制度等问题进行深入探讨,构成我国图书馆法人治理研究的理论基石,属于发展的"学院派"。另一种是以深圳图书馆肖容梅等为代表的实践拓展学者,作为示范单位,深圳图书馆等单位较早进行了图书馆改革,近些年来,他们针对实践工作中的问题和经验进行了探索研究,为我国图书馆理事会发展提供了充实的实践基础和经验,属于发展的"实践派"。两种学派的结合也将促使我国图书馆法人治理改革的进一步深化与前行。基于初步形成的较为稳定的研究力量、载文期刊和主题领域,而且相关论文近年来呈现快速增长的趋势,未来发展中,法人治理仍将是图书馆学研究的重要内容。图书馆法人治理研究的"学院派"和"实践派"都需要在现有制度框架下,吸取借鉴国外先进经验,结合自身实际,开拓更适宜的发展模式。

5 上图情报所理事会运行实践、成效与问题分析

上图情报所根据中共上海市委宣传部要求,在 2009 年 3 月就成立领导小组,开展法人治理结构试点筹备工作。经过五年筹备,定位于"决策咨询和监督管理机构"的上图情报所理事会于 2014 年 10 月 28 日正式成立。首届理事会由 13 名理事组成,任期 3 年,著名文化学者余秋雨任理事长,至今已举行五次工作会议,通过了《理事会章程》及其他多个专项制度,对单位各项工作提出了许多意见和建议。理事会对上图情报所的发展和运行所发挥的积极作用已经显现。同时,两年多的实践也暴露出了建立法人治理结构、实行理事会制度在探索中难免会遇到的问题和瓶颈,需要在实践中进一步破解。将研究视野拓宽到全国范围的公共图书馆法人治理结构,可见上图情报所理事会的经验在许多方面与兄弟图书馆理事会的是相通的,面临的问题也是相似的;同时,由于单位各方面情况和条件的不同,上图情报所理事会也有不少经验、问题是不同于兄弟图书馆理事会的。

5.1 理事会组织架构

2014 年 10 月 28 日,上图情报所理事会第一次工作会议审议通过《上海图书馆(上海科学技术情报研究所)理事会章程》(以下简称《理事会章程》)。

根据《理事会章程》,理事会组织架构为:一、市委宣传部负责组建理事会、委派理事和任免理事长,理事会向市委宣传部报告工作。二、理事会作为发展和运行的决策咨询和监督管理机构,对发展战略、规划、重大的发展项目和改革举措、内设机构或分支机构设置方案、年度工作计划、有关财政预算方案和决算情况、人才队伍建设等10个方面提出意见建议和决策咨询。三、理事会由11~13名理事组成,由相关政府部门代表、社会各界人士代表、上图情报所干部职工代表三方面构成,具体人选由举办单位会商相关部门协商产生。四、理事会设理事长1名、副理事长1名,由举办单位任命。五、上图情报所管理层由馆所长及中心处室负责人组成,是理事会的执行机构。

5.1.1 理事会的定位与职权

根据《理事会章程》,理事会的定位是决策咨询和监督管理机构,向举办单位中共上海市委宣传部报告工作。

理事会行使如下10项基本职权:(1)对上图情报所发展战略、规划、重大的发展项目和改革举措提出意见和建议;(2)对内设机构或分支机构设置方案提出意见和建议;(3)对年度工作计划提出意见和建议;(4)听取规划、计划及有关决议、决定的执行情况报告,以及年度工作报告等并提出意见和建议;(5)听取有关财政预算方案和决算情况的报告并提出意见和建议;(6)对人才队伍建设提出意见和建议;(7)对国有资产的管理进行监督;(8)对进行业绩评估,并提交评估报告;(9)理事会届满前三个月内负责组建下届理事会,并报举办单位审核同意;(10)对其他重大事项提出咨询意见或建议。

根据《理事会章程》,管理层由馆所长及中心处室负责人组成,是理事会的执行机构。管理层人员的产生、任免根据《党政领导干部选拔任用工作条例》和上海市有关规定执行。

理事会设秘书长1人。理事会下设秘书处,与上图情报所研究室合署办公。

5.1.2 理事的构成、产生方式与委任程序

理事主要分为 3 类：相关政府部门代表、社会各界人士代表（包括教育、科技、文化等界代表和企事业、市民代表）和上图情报所干部职工代表。目前理事会由 13 名理事组成，其中：市教委、市科委、市财政局、市文广局等政府部门代表各 1 名；社科文化界代表 3 名，媒体代表、企业代表、读者代表各 1 名；上图情报所代表 3 名。

从理事产生方式上来看，理事由举办单位会商相关部门协商产生，上图情报所主要领导为当然理事。13 名理事成员中，4 名政府部门理事都是与单位业务发展密切相关，如果政府部门理事工作岗位、工作职责发生变化，通常换由接任其工作的人担任理事；3 名本馆理事中两名是党政主要负责人，另 1 名由工会主席担任；社会人士理事由图书馆行业组织或举办单位推荐，来自上海市社科院、市作协、上海报业集团文汇报社、上海电气集团等，均经举办单位审核通过产生。

从理事委任程序来看，理事由举办单位会商相关部门产生，单位主要领导为当然理事。理事会每届任期 3 年，理事每届任期与理事会每届任期相同，任期届满，可以连任。理事可以在任期内提出辞职，辞职应向理事会递交书面报告，经理事会会议批准并报经举办单位同意后，理事资格方可终止。理事代表部门或单位提出更换理事的，由举办单位会商相关部门或单位予以更换。理事出现空缺，将按原产生方式及程序填补缺额。

理事会设理事长 1 名、副理事长 1 名，由举办单位任命。目前，由知名学者余秋雨教授担任理事长，上图情报所党委书记叶汝强担任副理事长。

5.1.3 理事的任职资格与权利义务

上图情报所理事会理事的任职资格主要包括：具备履职的知识和能力，熟悉并遵守有关法律法规和国家政策，根据单位举办宗旨，忠实、诚信、勤

勉地履行职责。

理事的基本权利包括:(1)出席理事会会议,享有发言权、提议权、表决权、选举权和被选举权;(2)对理事会会议和单位开展业务活动情况的知情权、建议权、监督权;(3)理事会赋予的其他权利。

理事的基本义务包括:(1)守法与尽职:遵守有关法律法规和理事会章程,维护单位权益以更好地为公众服务;秉持诚信和勤勉精神,在理事职责范围内行使权利,认真履行职责,完成理事会委托的任务;(2)关注图书馆:了解单位的使命、职责、服务内容,推荐合作项目,征询发展建议,积极筹募资金,支持事业发展;(3)回避义务:不得通过在理事会任职而获取任何非法利益。

理事长除享有理事权利外,还负责召集和主持理事会会议,确认理事会会议议题,督促和检查理事会决议的落实情况等。副理事长一般由单位主要领导担任,协助理事长管理理事会日常事务性工作。理事长不能行使职权时,将指派副理事长代行其职权。

借鉴国外公立机构或非营利组织理事会管理模式,上图情报所理事会理事不因理事职务在单位领取薪酬,因履行理事职责产生的交通、通信等费用,按有关规定列支。

5.1.4 理事会会议

上图情报所理事会不直接参与图书馆管理和干预图书馆日常事务,理事会会议是其行使议事权和决策权的重要方式。按照《理事会章程》规定,理事会会议分定期会议和临时会议。理事会一般每年定期召开两次会议。根据实际情况,也可由全部理事1/3以上的理事或单位主要领导提议召开临时理事会会议。理事会会议一般由理事长召集和主持。

会前事项:(1)确定会议议题。会议议题主要根据《理事会章程》确定。理事在职权范围内可提交补充议题,补充议题须在会前以书面方式提出,由理事长决定是否列入当次会议议题。(2)发送会议通知及相关材料。会议通知及有关材料一般提前以电子邮件、书面通知各位理事,并载明会议内容等事项。(3)会前调研与咨询。理事在审议理事会各项议题前,应做好充分的调查研究,重大专业事项应向有关专业机构或专家进行咨询。

会中事项:(1)会议人数要求。理事会会议须有全部理事的 2/3 以上出席方为有效。(2)会议表决。理事会会议采取记名方式投票表决,每名理事享有一票表决权。理事会决议一般事项须经全部理事的半数以上通过,重大事项须经全部理事 2/3 以上通过。理事会会议,应当由理事本人出席;理事因故不能出席,可以书面委托其他人代为出席,委托书中应当载明授权范围。(3)会议记录及签名。理事会会议应当有会议记录,会议记录作为单位重要档案由档案部门妥善保存。会议记录包括以下内容:出席会议的理事,列席人员,缺席人员及事由;会议的日期、地点;主要议题及议程;各理事的发言要点;提交表决事项的表决结果;理事会认为应当载入会议记录的其他内容。出席会议的理事应当在会议记录上签名,并承担责任。理事会决议违反法律、法规和理事会章程规定的,在表决中投赞成票的理事承担相应责任,不赞成的不承担责任。

会后事项:理事会决议经理事长签署后生效。决议事项按管理权限须报有关部门批准的,须履行报批手续。理事会决议原则上应在 5 个工作日之内以文件形式发给图书馆执行。在理事会闭会期间,可以通过传真、电子邮件等通信方式进行表决。

5.1.5 理事会组织架构小结

上图情报所理事会的组织架构,相比中央办公厅《关于建立和完善事业单位法人治理结构的意见》提出的要求和中央机构编制委员会办公室印发的《事业单位章程示范文本》有所不同。课题组认为:建立图书馆理事会制度,既是中央深化公益性文化事业单位改革提出的明确要求,也是推进事业单位法人治理结构改革的重要内容,开弓没有回头箭。但是,要真正落实好图书馆理事会制度,不管是从历史角度还是从现实情况看都不会一蹴而就,甚至是比较长期的过程,需要不同地区根据不同情况逐步探索推进。上图情报所是上海市政府直属正局级事业单位,归口市委宣传部管理,接受市文广影视局业务管理和指导。目前的定位与各方面现有管理政策容易衔接,便于操作,更有利于改革的循序推进。

5.2 理事会运行成效

目前,上图情报所理事会的实践取得了一些积极成效。理事会已召开5次工作会议,先后审议通过了《理事会章程》、《信息公开制度》、《工作评价制度》、"十三五"发展规划、年度工作计划和理事会年度工作要点等,决策咨询和监督管理的作用已经明显发挥。通过法人治理结构改革,建立理事会制度,也进一步有效激发起上图情报所的动力和活力,从而优化丰富各项服务,适应社会发展,满足公众需求。

中共上海市委常委、宣传部长董云虎同志于2015年11月6日在上图情报所上报的《上图情报所理事会2015年工作报告》上批示如下:上图情报所理事会成立一年来,各项工作有序推进,制度建设和内涵发展均成效显著。

5.2.1 召开工作会议

上图情报所理事会自成立以来,已召开5次定期的工作会议,即2014年下半年举行一次,2015年上半年和下半年各举行一次,2016年上半年和下半年各举行一次。会议周期符合《理事会章程》规定的"理事会一般每年定期召开两次会议",间隔适宜。这说明理事会定期工作会议机制已基本常态化、正常化。其间,还邀请余秋雨理事长专程来馆工作调研,听取有关工作汇报。

5次定期的工作会议议题包括审议上图情报所理事会章程、"十三五"发展规划、年度工作报告、年度工作计划、理事会年度工作计划要点,征询"十三五"发展愿景及建议等。5次会议具体内容如下。

第一次工作会议：2014年10月28日,紧接理事会成立大会之后,理事会即召开第一次工作会议。会议听取副理事长、党委书记叶汝强就理事会《章程(草案)》起草过程所做的说明,听取了理事、馆所长吴建中就近年来上图情报所围绕创新驱动发展战略开展的图情服务工作报告。会议经过充分讨论,表决通过了《章程(草案)》,申报上级主管部门备案后正式生效。会议还任命上图情报所研究室副主任(主持工作)马春担任理事会秘书长。

第二次工作会议：2015年2月6日,理事会召开第二次工作会议。会议听取副理事长、党委书记叶汝强作《理事会2015年工作要点报告》,理事、馆所长吴建中作《上图情报所2015年度工作计划报告》。会议经过充分讨论,表决通过两份报告。

第三次工作会议：2015年11月20日,理事会召开第三次工作会议。会议听取文化部公共文化研究基地建设、"十三五"发展战略规划编制、上海图书馆东馆筹建、2015年度工作总结与2016年度工作思路等工作汇报。各位理事审议了工作汇报及《信息公开制度》《绩效评估制度》两项规章制度草案,提出了诸多创新性的意见建议。

第四次工作会议：2016年3月3日,理事会召开第四次工作会议。会议听取并审议了"十三五"发展规划、2016年工作计划、理事会2016年工作要点等3个工作汇报,并就《信息公开制度》和《工作评价制度》提出建设性意见。

第五次工作会议：2016年11月17日,理事会召开第五次工作会议,会议听取主要领导调整、文化部公共文化研究基地建设、上海图书馆东馆建设等的工作汇报,并审议了3项工作制度与报告,包括《馆所年度工作评价细则》《馆所年度报告制度》和《理事会2016年度工作报告》,并提出建设性意见。

5.2.2 强化公共服务职能

长期以来,图书馆政事不分、事企不分,机制不活,资源配置不尽合理,支持公益服务的政策措施不够完善,监督管理薄弱,有的部门对经济效益的追求甚至偏离了公共服务的基本价值取向,形成的部门利益和个人利益结构相对固化,管理层一般不去触及。成立理事会后,管理层由原先的"决策+执行"变为"执行+运行",决策和执行相对独立,又目标统一,都必须把落实政府公共服务的核心职能放在首位,并作为管理层履职考核的重要内容,从而从体制上保证了公共图书馆发挥社会效益最大化的优势。

5.2.3 促进制度建设完善

五次理事会会议上,理事会先后审议通过了《理事会章程》以及《信息公开制度》《工作评价制度》,为上图情报所及理事会自身发展提供了制度保障。

制度建设中最重要的是《理事会章程》,它是除了法律法规、上级政策文件以外对图书馆最重要的规范性文件。法人治理结构要求管理和运营实现"章程化"。章程是法人治理结构的制度载体,是理事会、管理层的运行规则,是有关部门对文化事业单位进行监管的依据。《理事会章程》不是仅规范图书馆理事会的,而是规范整个图书馆的最基本、最重要内容的。

按照理事会制度建设要求,理事会制定并施行了《信息公开制度》和《工作评价制度》。其中《信息公开制度》着重加强公共图书馆文献利用和读者服务的公开性、透明性,保障公众知情权,建立规范有效的社会监督机制。《工作评价制度》着重提高公共服务管理水平,提高公共文化服务社会效益,每年委托第三方机构独立开展一次绩效评估,经评估,如有因管理失误造成工作目标无法达到或绩效低下的,由理事会责成管理层作出整改并报上级部门备案。这是提高公共文化服务社会效益的有力保障。

制度建设的一项重要意义在于,使管理层依法管理理念进一步增强。理事会及其相关各项制度的建立,从某种角度上说是限制了管理层的一些权力,但从另一个角度来看恰恰是对管理层的一种"松绑",特别是使管理层在协调公共利益和职工利益的关系时有法可依、评判明确,避免处于两难的风险境地。

这些制度的确立,进一步优化并促进了上图情报所的相关工作。比如,进一步推动了图书馆运行公开透明。根据理事会制定实施的《工作评价制度》和《信息公开制度》,在机构内,结合财政要求,开展业务项目绩效评价工作,积极推进绩效评价平台建设,加强财务经费实时管理,发挥审计监督作用,确保财政资金公开、透明、规范。对社会,机构2014年首次发布"上图阅读指数"报告,理事会成立以后,这项工作成为常态化,每年定期向社会发布"上图阅读指数"报告。该报告以全市公共图书馆书刊借阅大数据为基础,对年度全市中心图书馆系统内读者构成、读者爱好、热点主题、阅读倾向等进行重点分析,提出阅读热点趋势、不同读者群阅读需求、出版选题等建议,成为作者、出版界和读者之间的桥梁和纽带。对单位内部,结合财政要求,试点开展业务项目绩效评价工作,积极推进绩效评价平台建设,加强财务经费实时管理,发挥审计监督作用,确保财政资金公开、透明、规范。

5.2.4 审议重大决策

通过五次理事会会议,理事会审议通过了大量关于上图情报所发展的重大决策,并在审议过程中贡献了大量建设性的意见建议。

第一次工作会议上,会议审议了理事会章程(草案)。与会理事结合审议讨论理事会章程(草案),就发挥理事单位资源优势,加强公共文化服务宣传;建立对标体系,明晰世界级城市图书馆建设目标;深化单位共建合作,实现共赢等方面作了探讨。

第二次工作会议上,会议审议了《理事会2015年工作要点》《2015年度工作计划》。结合审议,与会理事对上图情报所工作提出了意见建议。这些建言献策不仅从单位角度出发,还与上海的文化布局有关。其中,关于"智库建设""公共文化设施""阅读的地区平衡""图书馆服务透明""图书馆与企业共建""阅读与教育"等内容引起了理事的关注与响应。具体包括:图书馆要提供多层次的阅读报告供上海发展作参考,充分发挥阅读指挥棒的作用;科技智库建设要对标国际一流智库机构,聚焦重点领域,成立专门研究队伍;上图情报所乃至整个图书馆行业要与全市中心工作深度融合,在面向基层的文化配送、文化场所数字化进程、社区文化中心专业化管理等方面发挥积极作用;要在把握文教融合、文科融合的背景下,以数字图书馆发展的升级换代为契机,解决图书馆面临时间、空间发展的局限,尽力做好各项工作;满足企业对行业技术、科技战略的需求,可制作有深度的科技情报及专利分析产品定期推送给企业。

第三次工作会议上,会议审议了关于文化部公共文化研究基地建设、"十三五"发展战略规划编制、上海图书馆东馆筹建、2015年度工作总结与2016年度工作思路、理事会2015年度工作报告等工作汇报以及《信息公开制度》和《绩效评估制度》草案。各位理事审议时提出诸多创新建议,包括:东馆应设全开架图书,提供充分的开架图书供市民阅读,同时,设立儿童阅读空间,培养基本阅读群体,尝试建立家庭、亲子阅读的模式空间;公共文化研究基地建设应关注物联网的运用,积极探索把研究成果转化为文化生产力;"十三五"发展规划提出的"世界级城市图书馆"的建设指标应具体化、数据化,实现可对标;"十三五"期间,应充分利用各方资源,推动城市阅读,提升全市公共图书馆服务效能,同时充分发挥大数据优势和大数据应用,为读者提供定制化服务。

第四次工作会议上,会议审议通过《理事会2016年度工作要点》《"十三五"发展规划》《2016年工作计划》《信息公开制度》和《工作评价制度》。各位理事审议时提出的意见建议包括:开放是未来发展的大趋势,上图情报所应该更多思考并实践开放服务的理念,以更好地服务社会;"十三五"发展规划中各项指标和工作目标应有明确对应与衔接;在未来发展中,应加大与理事单位的合作,以期实现共赢;完善理事信息交流沟通平台,便于各项工作的开展。

第五次工作会议上,会议审议通过《年度工作评价细则》《年度报告制度》和《理事会 2016 年度工作报告》。与会理事提出的建议包括:公共文化研究基地建设除加强理论指导实践的能力外,更要注重学术团队的培养和创新型科研机制的探索;上海图书馆东馆建设要积极借鉴国外知名图书馆的成功案例,加强对未来需求的研究,注重人才队伍的储备与培养,探索建立适合新馆运营的组织架构和运作机制。

值得强调的是,在第一次工作会议上,余秋雨理事长对理事会工作提出了两点具体要求:一是,理事会要以社会的整体价值作为坐标,来肯定、鼓励并推动上图情报所的工作;二是,要充分发挥理事会成员的专业优势、协同优势和社会影响力,帮助上图情报所解决发展中碰到的困难和问题。余秋雨理事长讲出了理事会的两个优势:一是理事会充分的社会代表性;二是广阔的专业性。从这个意义上说,理事会审议通过的重大决策,提出的大量建设性的意见建议,是既反映了社会整体价值,又有各相关方面专业作支撑的决策和意见建议,保证了决策和意见建议的合理性、代表性和科学性。

5.2.5 吸引社会多元推动图书馆服务

理事会成员各自的专业优势、协同优势和社会影响力,对上图情报所多方面具体服务产生了积极的推动促进作用,这样既扩大了发展图书馆事业的社会参与面,也提高了图书馆服务的有效性和针对性。比如,通过理事会中教育界理事的参与,加强了与上海市教委下属学校的沟通联系,为全市中小学生电子学生证增加"一卡通"读者证功能,中小学生凭个人电子学生证即可在全市中心图书馆范围 237 家区县街镇图书馆借还书刊,不仅方便读者,也减轻家长办证押金负担,节约办证成本 800 多万元。

理事会制度有利于吸引社会多元化投入图书馆的趋势也已显现。理事会制度使馆外理事对上图情报所状况更加了解，投资人利益可以得到切实保护，社会多元投入的积极性逐渐增加。虽然目前直接资金投入还有一定障碍，但间接合作已经取得良好开端。比如，与上海市书刊发行行业协会合作，对持有上海图书馆、上海市中心图书馆读者证的市民在新华传媒麾下65家门店以及上图书店、季风书园享受购书9折优惠待遇，10个月的时间即惠及6 000多人次。再比如，与上海市公共信用信息服务中心合作，在读者自愿前提下，将读者借阅信息纳入市公共信用信息服务平台，便可享受免押金办理"一卡通"读者证。随着经济的发展和社会财富的增加，图书馆有望吸引更多社会资金进入，达到多赢局面。

5.2.6 理事会运行问题分析

通过两年多的实践，上图情报所理事会在引进外部治理机制、拓宽工作思路、激发公众参与积极性等方面取得了初步成效，但也面临一定的问题与挑战。结合从国内其他开展法人治理试点的公共图书馆的情况看，其中许多矛盾和问题具有共性。包括：（1）理事会作用发挥不充分，理事会决策地位尚未落实。由于处于起步阶段，各方条件还不成熟，理事会在定位上未能确定为决策机构，而是"决策咨询和监督管理机构"，实际上暂时只能行使决策咨询权或有限决策权。（2）单位独立法人自主权难以完全落实。（3）法人治理环境下配套制度不完善。（4）对理事会制度，单位职工思想准备不足，单位活力激发不够。（5）理事会决策支撑机制有待完善。理事会专业委员会或咨询委员会尚未建立，在公共服务、资源建设、绩效评估等专业领域不能为理事会决策提供专业支撑。（6）理事培训与荣誉机制不足。理事制度刚刚建立，对新任理事颇为必要的履职培训尚未开展，理事荣誉机制没有得到确立和宣扬。

5.3 理事会建设方向

下阶段,上图情报所理事会的建设将聚焦强化作用发挥、推进制度建设、加强能力建设、注重社会宣传等方面。

上图情报所理事会将坚持三点:一是保障社会利益。理事会要以社会的整体价值作为坐标,来决策、监督、管理上图情报所的工作,使上图情报所突出公益性,提供优质高效的公共文化服务。具体而言,就是通过理事会发挥功能,协调和保障举办单位、单位、员工、直接服务对象、社会公众等各方利益,实现各方目标。二是保障合法依规。这里的"法、规",包括法律法规、上级的政策文件,以及理事会章程等理事会制定的制度。理事会发挥的功能和作用,不得违法违规,进而于法于规有据。三是保障改革攻坚,即问题导向。理事会发挥功能,主要是解决图书馆发展中面临的急难问题、图书馆法人治理结构试点过程中的矛盾,重在雪中送炭而非锦上添花。当然,因为是"攻坚",也就理事会发挥功能的效果预期给出了合理区间:不一定能对所有问题都彻底解决,有些问题上是缓解、延缓了矛盾和困难,也是有利的。以上三点导向是辨证统一的。保障合法依规、保障改革攻坚,都是为了保障社会利益。合法依规是改革攻坚的依据和底线。改革攻坚,所要解决的问题,有些看似是法律法规政策的限制所造成的,但改革攻坚绝对不是去"攻"法律法规政策。而是要在法律法规政策允许的空间中,通过理事会发挥功能,相较有理事会以前,更有效率、合理地调动相关各方的资源和能力,从而解决或缓解矛盾。

5.3.1 强化决策作用发挥

理事会制度强调体现利益相关方的共同治理,理事会决策。但这需要一个过程。于是,在此过程中,即在当前阶段,各地图书馆理事会的实践中,"理事会决策"基本都呈现为三重不同含义。第一重含义,从理论上及国务院办公厅《关于建立和完善事业单位法人治理结构的意见》[2]中看,理事会应明确是决策和监督机构。第二重含义,在各地图书馆理事会章程中,基本是在明确"决策、监督"的同时"掺"入"咨询"等定位。除上图情报所理事会"决策咨询和监督管理"的定位外,深圳图书馆理事会、东莞图书馆都被定位为议事决策机构,深圳市福田区图书馆理事会是议事、决策和监督机构,无锡市图书馆理事会更是明确只是咨询机构。即,相比第一重,章程中理事会的职能已经出现了变异。第三重含义,在图书馆理事会的运行实践中,"决策咨询和监督管理"的重点往往落在"咨询和监督"乃至"咨询"上。即理事会的职能进一步变异。

但应该明确,这种"变异"的出发点不是"应付",因而基本上也不是消极的。在初始阶段,理事会独立提出决策议案、开展决策论证的能力、条件并不成熟,外部相关环境也不适应。因此,理事会定位宜以"咨询＋监督"为主。目前上图情报所理事会"决策咨询和监督管理"的定位,且实际重点落在"咨询＋监督"上,是适宜的、合乎当前实际的。

北京大学信息管理系李国新教授针对深圳图书馆理事会"议事和决策机构"的职能定位也指出:不能排除最后的"决"与理事会的"议"没有什么关系,或在有的问题上有决策权、在有的问题上只有"议事权",其实是"不完全决策权",离"决策机构"尚有距离。但"首先是议事,其次才是决策,实际上也是面对现行体制机制制约的一种变通。在关联制度配套衔接改革还没有到位之前,这是推动建立法人治理结构真正起步的现实选择。"[41]

当然,不能总是停留在这个阶段。今后上图情报所理事会将通过建立程序制度加强理事会在图书馆决策中的实际作用。

一是单位涉及发展规划变动、重大项目建设、重要人事调整、年度财务预决算等重大事项决定应当经过理事会咨询,把理事会咨询作为政府部门、相关单位作出决策的前置程序。

二是对于理事会的咨询建议,相关的政府部门、单位、上图情报所的管理层和有关部门应当作出回应,在理事会内部就咨询意见有较大分歧时,或理事会的咨询意见与管理层的初步设想有较大分歧时,应暂缓作出决定,甚至赋予理事会一定的"否决权"。

三是赋予理事会特殊情况下的仲裁权,决策过程中、正式决策形成前,上图情报所的管理层中或若干部门之间在某问题决策过程中有分歧意见的,提请理事会仲裁。

四是确保理事会对单位运行状况的知情权和对管理层工作成效的质询权。认真执行理事会通过的《信息公开制度》和《工作评价制度》,坚持并完善管理层向理事会进行年度工作汇报的制度,并通过递送工作简报,开通内部网权限等方式,增加单位的运行透明度。理事会根据年度工作汇报,并综合应用各类上级单位评价、第三方独立评价和社会公众评价成果,对管理层工作作出客观评价。如认为必要,理事会对管理层工作提出质询。如有因管理失误造成工作目标无法达到或绩效低下的,由理事会责成管理层作出整改并报上级部门备案。对一些重要项目或任务,理事会认为有必要的,也可要求管理层向理事会进行项目(任务)的专项工作汇报。理事会根据汇报,并综合应用针对该项目(任务)的各类上级单位评价、第三方独立评价和社会公众评价成果,对管理层工作作出客观评价。当然,项目(任务)工作评价,不仅可作为事(项目、任务)后监督的形式,也可以作为事中监督的形式,在该项目、任务进行中,由管理层向理事会进行项目(任务)工作汇报,理事会作出评价,以及时发现问题和不足。

五是建立理事会决策的专业支撑体系,即理事会下设置若干专门委员会,负责就某些专门事项进行前期审议,为理事会决策提供参考咨询意见。如人事方面可设提名委员会、资质审查委员会;财务方面可设财务委员会、审计委员会、薪酬委员会;专业发展方面可设发展规划委员会、资源建设委员会、规章制度委员会等。

六是建立理事会决策失误追究制度。理事会决策失误追究,即追究的对象是理事会,其本身不是理事会行使决策职能的形式。但其作为理事会决策失误的救济和追责制度,是理事会决策职能体系中的一个必要组成部分。

七是对于专业性较强或社会影响面较广的事项,可以由理事会组织专家委员会或市民听证会,使政府主导、专家指导、公众向导有机结合,实现"开门办公共事业"。

需要指出的是,上述措施,并不是在现有管理框架中额外增加一个"婆婆",而是政府转变职能的过渡,政府在这个过程中逐步从"管"走向"办",上图情报所在这个过程中逐步从事事依赖政府走向独立自主运行,最终实现政事分开、管办分离、突出公益、提供优质高效公共服务的目标。

5.3.2 加强管理方式创新

法人治理结构要求管理层按照理事会的决策,独立自主地行使日常业务管理权、财务资产管理权和工作人员管理权。这与现实的单位管理体制有一定矛盾,需要在实践中通过加强与相关政府部门沟通逐步理顺。

1. 人事制度的改革

图书馆大量服务工作性质决定要求有不同层级职工组成,然而,全市事业单位录用人员统一考试这道关使一部分经图书馆各部门试用觉得合适的人员过不了"关",难以以正式员工身份进馆工作;事业单位的"编制"又形成了低级人员不能进,高级人员不愿做的困境;还有,目前采取外包人员办法,总量已达到正式职工数的一半以上,给管理、给社会都产生一定负面影响。

针对这些问题,应积极探索发挥理事会的作用:

第一,考虑实施"理事会和理事推荐制"。即,采用理事会集体或理事个人推荐人选正式进馆工作的方式。受推荐人选相当一部分即为图书馆各部门看中的人选。当然,市统一考试是制度,必须要考的。只是,受推荐人选即使没有通过考试,也可以与单位直接签订不占编制的合同,上岗工作,实际待遇与正式员工同。继续参加下次考试,通过即入编,不通过再考,可以直等到通过入编为止。

第二,考虑结合理事会专业支撑体系的建设,实施"理事会聘用制"。即,对重要工作、项目或任务,理事会可批准上图情报所组建工作组、项目组或任务组(或设理事会临时专项委员会),并由理事会聘用组的负责人、组员(或理事会临时专项委员会负责人、委员),对象人员可馆内馆外、编制内外、级别可高可低,人员配备以必要的、相应的"工作条件"(实质即待遇)。原则上事毕聘解。这样可以一定程度实现馆外高级人才灵活任用,及馆内人员不对应原有级别地任用,通过"办事"实现"用人"。

第三,考虑探索辅助服务人员"合同制",逐步形成管理人员、研究人员、服务人员三支队伍类型。对于实际使用的辅助服务人员,不占事业编制,但直接签定劳动合同,纳入上图情报所管理。合同批量提交理事会会议备案。

2. 探索理事会对预决算的决策功能,适当增加财务支配空间

上图情报所作为一类公益服务事业单位,资金来源主要依靠财政拨款。财政依据相应法规预算,通过一定程序拨付,严格限定资金使用途径,进行严密审查监督。这套体系对于下属单位权利滥用、防止腐败有很好的作用,但也基本捆住了单位积极能动作用的手脚,反过来影响资金使用效益和效率。可以探索在资金总盘子一定、审计监督照旧的基础上,留出一定额度由预算审批改为理事会"预审批"并作出财务决议同时预算备案,管理层按照理事会的决策,独立自主地行使财务资产管理权。应该说,相比其他一些进行法人治理结构试点的隶属于当地行政主管部门的公共图书馆,作为市政府直属事业单位的上图情报所在探索理事会单位对预决算的决策功能时,可能还少一点障碍。国务院办公厅《关于建立和完善事业单位法人治理结构的意见》中有"理事会负责本单位财务预决算决策事项"的提法。[2]按照现行财务管理体制,政府财政部门一般是将图书馆经费下达到图书馆的上级文化行政主管部

门,而不是直接下达到图书馆理事会。文化行政主管部门在给图书馆拨付经费时,要考虑本系统年度获得财政经费总量、系统内所辖单位的经费平衡等多种因素,与一个图书馆理事会的考虑和视野肯定有区别。经费的拨付权在文化行政主管部门,经费的预算决策权在图书馆理事会,如果二者出现不同主张怎么办?而上图情报所的情况是市财政直接将经费下达,当然,这方面的探索展开后肯定将遇到其他不少问题。

5.3.3 推进法人治理结构制度建设

可以说,建章立制是公共图书馆理事会最大和最重要的决策工作。目前的《理事会章程》可以说是一个"总制度"。《信息公开制度》和《工作评价制度》也已通过并实施,接下来,要按照《理事会章程》规定对现有上图情报所管理制度进行梳理、建设和完善,必要的,予以新订或修订,以适应法人治理结构要求。

应纳入视野的制度领域包括:一是法人治理的相关制度,如决策失误追究制度、年度报告制度、公众监督制度等。二是单位内部的管理制度,如人事管理制度、财务管理制度、业务管理制度、监察审计制度、职代会制度、党群工作制度等。三是细化第三方独立评价和社会公众评价机制,帮助理事会对管理层工作作出客观评价。《工作评价制度》已对此机制作了原则规定,接下来需要结合实践,进一步将该机制具体化、可操作化。

5.3.4 加强理事会自身能力建设

就理想状态而言,公共图书馆理事会的成员应是方方面面利益推选出的代表。但在理事会试点初始阶段,理事会成员主要通过举办单位协商、相关部门委派、名家志士支持产生,大多数属于体制内人员,对图书馆事业本身不熟悉,理事会运作与政府运作又有较大差异,大多数又是兼职义务担任,都有自己的本职工作。

目前包括上图情报所理事会在内的各地公共图书馆理事会都呈现这种特征。对这种"不专业、外行"的特征，应该辩证地看。积极的一面而言，它在原先图书馆管理层"决策＋执行"管理的"专业"视角之外，添了一层"社会"视角。公共图书馆具有专业性，但也有鲜明的公共服务属性。计划工作、开展工作、评判工作，既要考虑专业上的合理性、可行性，也要考虑社会的需求。这两方面都包含了一定合理因素，不可畸轻畸重。所以，"不专业、外行"的视角，也是必要的视角。余秋雨理事长在多次工作会议上论及这个问题。第一次工作会议上，他提出，要以社会的整体价值作为坐标，来肯定、鼓励并推动上图情报所的工作。第二次工作会议上，他阐释了理事会对图书馆保持一定陌生感的必要性和重要性：不同学科背景的理事组合在一起，从各自的专业角度，发表一些独具特色的建议，对未来发展极为有益。第三次工作会议上，他又提出以非专业的社会目光关注图书馆发展，推进相关工作开展。

另一方面应该承认，如果来自社会各界的理事，既保持上述"外部"优势，又对图书馆运行有更深入的了解，成为"了解内情的外部人"，应该会更有利于理事履职和理事会发挥作用。

所以，要使理事会能够较快地走上正轨、发挥作用，必须加强自身建设。一是上图情报所为理事自身加强图书馆知识、党和政府关于公共文化服务的政策法规、公共管理等方面的学习创设条件、提供辅导，提高理事履职能力。二是理事会秘书处充分发挥作用，加强与理事沟通，适时组织理事会成员对兄弟公共图书馆及其他公共文化服务单位开展法人治理结构试点、创新公共文化服务等方面经验的考察培训。这样，对理事会集体而言，是"取经"、对标；对每位理事而言，也是学习公共图书馆必要知识和前沿动态、提升履职能力；从每位理事与理事会及上图情报所的关系而言，则是以活动凝聚理事。2015年6月，上图情报所理事会秘书处组织赴深圳、东莞、温州三地调研公共图书馆理事会工作；2016年3月，理事会赴重庆图书馆开展工作调研，内容涉及理事会工作运作机制和相关制度建设。三是给予理事适当津贴待遇。

目前理事只有责任、完全义务的制度不利于理事真正承担起责任认真履职、高水平履职、专业履职,也是目前理事会决策定位不成熟的原因之一。四是适时调整理事结构,增加从个人意愿而言就愿意积极参加公共图书馆理事会活动的社会活动家、企业家进入理事会。

5.3.5 注重理事会工作社会宣传

推进文化事业单位法人治理结构是中央全面深化改革的重要组成部分,但是在外,社会上对此关注度并不高;在内,图书馆内部领导与职工中真正了解此项改革情况的也不多,甚至把它看作是又一种形式。

对此,要加大理事会工作宣传,营造良好的社会氛围。一是加强改革目标宣传,大力宣传公共图书馆实行法人治理结构的重要意义、基本内容,尤其在改革涉及的相关部门,争取这些部门的理解、认同、支持是改革能否取得实效的关键之一。二是加强社会氛围营造,争取社会上有实力、也有社会责任感的企业、企业家、社会名流投身参与到公共文化事业中来。三是加强试点成效总结,总结并宣传公共图书馆实行法人治理结构的工作成效,让更多人了解这项工作对于转变政府职能、推进政事分开、提高公共文化服务效能的积极作用,为工作开展营造良好氛围。四是加强试点成果总结,及时把各地试点过程中的经验、问题、措施总结出来,供大家结合实际借鉴参考。四是加强单位内部积极性调动,克服求稳怕乱心态,鼓励探索,主动参与改革。五是建立社会荣誉机制。对认真履行职责,积极建言献策,做出重要贡献的理事,以上图情报所或举办单位——中共上海市委宣传部或其他合适的单位的名义授予荣誉。

5.4 小结

上图情报所理事会作为决策咨询与监督管理机构,经过两年多的实践,在强化公共服务职能、增强依法管理理念、扩大公众参与面、吸引社会多元投入、推动运行公开透明以及促进制度建设完善等方面取得了一定的成效,但深度改革仍面临诸多问题与挑战。下阶段,机构将进一步厘清举办单位、理事会和管理层的职能,聚焦进一步发挥决策作用,创新管理方式,推进制度建设,注重工作宣传等,不断探索与实践,切实推进公共图书馆的法人治理改革工作,助力文化事业单位体制改革。

参考文献

[1] 中共中央,国务院.关于分类推进事业单位改革的指导意见[EB/OL].[2015-06-22].http://news.xinhuanet.com/politics/2012-04/16/c_111785805.htm

[2] 国务院办公厅.关于建立和完善事业单位法人治理结构的意见[EB/OL].[2016-01-25].http://www.chinamd.com/file/6tiwtez63autrowtacotuiep_2.html

[3] 中共中央.关于全面深化改革若干重大问题的决定[EB/OL].[2015-06-22].http://www.sn.xinhuanet.com/2013-11/16/c_118166672.htm

[4] 文化部办公厅.关于开展公共文化服务标准化等试点工作的通知[EB/OL].[2015-06-22].http://zwgk.hefei.gov.cn/zwgk/public/spage.xp?doAction=view&indexno=00299159X/201408-00007

[5] 卢海燕.国外图书馆法律选编[M].北京:国家图书馆出版社,2014.

[6] 张岩.法人治理结构研究综述[J].中国机构改革与管理,2014(9):42-45.

[7] 蒋永福.现代公共图书馆制度研究[M].北京:知识产权出版社,2010.

[8] 蒋永福.公共图书馆治理结构及其优化策略——针对我国公共图书馆管理体制改革重点的分析[J].图书与情报,2010(5):18-22.

[9] 蒋永福,李京.美国公共图书馆治理的特点[J].图书馆论坛,2010(6):139-142,204.

[10] 蒋永福.我国公共图书馆治理主体设置模式的弊端及其建议[J].情报资料工作,2010(5):10-14.

[11] 蒋永福.合理设置建设主体:优化我国公共图书馆治理结构的关键[J].图书馆建设,2010(11):1.

[12] 蒋永福.论公共图书馆法人治理结构[J].图书馆学研究,2011(1):40-45.

[13] 蒋永福,王清远.西方国家公共图书馆治理的特点——以西方国家的文化管理体制特点为背景的分析[J].图书情报工作,2010,54(13):27-32.

[14] 陈慰.公共图书馆法人治理结构探析——以美国弗吉尼亚州公共图书馆理事会为例

[J].图书馆杂志,2015(9):43-48.

[15] Virginia Public Library Trustee Handbook[EB/OL].[2016-03-16].http://www.lva.virginia.gov/lib-edu/ldnd/trustee/2005Handbook/2005Handbook.pdf

[16] HANDBOOK FOR LIBRARY TRUSTEES OF NEW YORK STATE — 2015 Edition [EB/OL].[2016-03-16] http://www.nysl.nysed.gov/libdev/trustees/handbook/handbook.pdf

[17] 吴丽娟.美国纽约州公共图书馆理事会制度研究[J].图书馆建设,2015(10):14-17,22.

[18] The New York Public Libray Bylaws[EB/OL].[2016-03-16].http://cdn-prod.www.aws.nypl.org/sites/default/files/nypl_bylaws_05212014.pdf

[19] 罗珊珊.纽约公共图书馆的法人治理结构[J].图书与情报,2014(2):17-19.

[20] Public Libraries and Museums Act 1964 [EB/OL].[2016-04-20].http://www.legislation.gov.uk/ukpga/1964/75/pdfs/ukpga_19640075_en.pdf

[21] 张世颖.基于中外比较的我国公共图书馆治理策略研究[D].黑龙江大学,2011.

[22] 张世颖,蒋永福.黑龙江省公共图书馆建设主体设置模式及其总分馆服务体系构建方案研究——"3—3模式"的提出[J].图书馆建设,2010(11):11-15.

[23] 经济合作与发展组织.分散化的公共治理——代理机构、权力主体和其他政府实体[M].国家发展和改革委员会事业单位改革研究课题组译.北京:中信出版社,2004:265.

[24] British Library Act 1972 [EB/OL].[2016-04-20].http://www.legislation.gov.uk/ukpga/1972/54/pdfs/ukpga_19720054_en.pdf

[25] 金武刚.大英图书馆的法人治理结构[J].国家图书馆学刊,2014(3):41-46.

[26] 金武刚,钱家骏,肖梅林.伦敦图书馆的法人治理结构[J].图书与情报,2014(2):10-13.

[27] 肖焕忠.澳大利亚的图书馆专业组织[J].图书馆理论与实践,2007(3):101-103.

[28] Council of Australian State Libraries — Comparison of Legislative Acts[EB/OL].[2016-04-21].http://www.nsla.org.au/sites/www.nsla.org.au/files/publications/NSLA.Discussion-Paper-Comparison.Legislative.Acts_200211.pdf

[29] 王学思.澳大利亚州图书馆理事会制度的法律保障[J].上海文化,2014(4X):118-121.

[30] Keep On Discovering Annual Report 2014/2015 — Corporate Governance [EB/OL].[2016-04-21].http://www.nlb.gov.sg/Portals/0/Reports/fy14/

[31] National Library Board Act [EB/OL].[2016-04-21].http://www.nlb.gov.sg/About/NLBAct.aspx

[32] NLB Management Team [EB/OL].[2016-04-21].http://www.nlb.gov.sg/About/ManagementTeam.aspx

[33] 崔丽.新加坡国家图书馆管理局的法人治理结构[J].图书与情报,2014(3):67-73.

[34] 姚伟达.事业单位法人治理结构建设研究[D].中央民族大学,2011.

[35] 张毅.在我国实施图书馆理事会制度的必要性分析及其策略研究[D].黑龙江大学,2014.

[36] 王晴.国外公共图书馆理事会建设特点及对我国的启示——基于美、英两国典型案例的

分析与思考[J].公共图书馆,2014(3):4-7.
[37] 刘水抱.浅谈美国公共图书馆理事会、馆长与图书馆之友[J].书苑,1996(30):43-48.
[38] 刘莹.基于权利属性的图书馆理事会运作模式与制度保障[J].图书馆理论与实践,2016(1):15-19.
[39] 杨昕昕.我国公共图书馆理事会制度有关问题研究[D].云南大学,2015.
[40] 马玲.国外图书馆法人治理结构建设特色与启示[J].图书馆工作与研究,2015(9):53-56.
[41] 李国新.公共图书馆法人治理:结构·现状·问题·前瞻[J].图书与情报,2014(2):1-6.
[42] 李国新.我国公共文化机构的法人治理结构试点[J].图书馆建设,2015(2):4-7.
[43] 肖容梅.深圳图书馆法人治理结构试点探索及思考[J].中国图书馆学报,2014,40(3):13-19.
[44] 肖容梅.公共图书馆法人治理结构初探[J].公共图书馆,2008(2).
[45] 肖容梅.我国公共图书馆法人治理结构建设现状与分析[J].国家图书馆学刊,2014(3):22-28.
[46] 肖容梅.深圳图书馆理事会运行实践[J].图书与情报,2014(2):7-9.
[47] 肖容梅.公共图书馆服务体系的理事会制度创新——深圳市福田区公共图书馆理事会制度探析[J].图书馆建设,2015(2):8-12.
[48] 张健.对发达国家博物馆管理的学习与借鉴[J].博物馆研究,2011(1):33-39.
[49] 陈健明.法人治理推动文化馆事业建设转型升级[J].大众文艺:学术版,2015(14):5-5.
[50] 胡莲香.公共图书馆治理的制度分析[J].新世纪图书馆,2015(4):65-69.
[51] 阮胜利.探究图书馆治理及其机制的概念与内涵[J].图书情报工作,2007,51(3):33-36.
[52] 冯佳.国外公共图书馆理事会制度及启示——以美国波士顿公共图书馆理事会制度为例[J].图书馆建设,2010(6):93-97.
[53] 冯佳.美国俄亥俄州图书馆理事会制度[J].国家图书馆学刊,2014(3):47-52.
[54] 王冬阳.试论公共图书馆法人治理结构建设的几个发展阶段[J].国家图书馆学刊,2014(3):34-40.
[55] 顾霞凤.公共图书馆治理中的政府职能转变[J].学理论,2013(21):217-218.
[56] 梁欣.我国公共图书馆服务体系建设:治理模式研究[J].中国图书馆学报,2009,35(6):17-24.
[57] 汪晓茵.略论中国图书馆事业的治理[J].New Century Library,2000(5):39-41.
[58] 黄颖,徐引篪.图书馆治理:概念及其涵义[J].中国图书馆学报,2004,30(1):24-26.
[59] 黄颖.从"统治"到"治理":管理图书馆范式的演变[J].大学图书馆学报,2003,21(6):7-10.
[60] 黄颖.我国图书馆体制创新的理论探索和模式选择[J].图书情报工作,2002(2):103-107.

[61] 温州市事业单位登记管理局.法人治理试点改革探索——以温州市图书馆为例[J].中国机构改革与管理,2015(1):13-14.

[62] 胡海荣.温州市图书馆理事会运行实践[J].图书馆建设,2015(2):13-14,17.

[63] 胡海荣.公共图书馆实施法人治理结构的面临的问题与对策[J].图书馆杂志,2015(9):38-42.

[64] 顾晓光,刘兹恒.图书馆实行法人治理结构的难点[J].图书馆杂志,2015(9):28-32.

[65] 申庆月.公共图书馆法人治理结构的法律依据[J].图书馆建设,2015(3):8-12.

[66] 樊霞等.公共图书馆法人治理结构体系建设初探——以朔州市图书馆为例[C]//全国中小型公共图书馆联合会2015年研讨会会议论文集(二).内蒙古赤峰市:全国中小型公共图书馆联合会2015年研讨会会务组,2015:1-6.

[67] 魏丹.公共图书馆法人治理结构外部监督机制构建[J].图书馆研究,2015(2):11-14.

[68] 魏丹.引入市场机制 完善公共图书馆法人治理结构[J].图书馆建设,2015(2):22-25.

[69] 许蕴茹.谈我国公共图书馆法人治理结构的建立好完善——基于中美公共图书馆治理结构的比较分析[J].图书馆,2015(1):59-63.

[70] 曹雪琦.政府放权与馆长"交权"——公共图书馆法人治理结构中的两个关键点[J].图书馆建设,2014(11):56-59.

[71] 张春春."法人治理结构"纵横谈[J].图书馆建设,2015(2):15-17.

[72] 张铁.从法人治理结构的视角谈公共图书馆社会支持[J].图书馆研究,2015(4):6-9.

[73] 周建华.公共图书馆法人治理结构实证研究——基于深圳图书馆、广州图书馆实践的思考[J].新世纪图书馆,2014(6):69-73.

[74] 朱健.从配套机制建设谈完善公共图书馆法人治理结构[J].图书馆研究与工作,2015(2):59-61.

[75] 吴瑞丽.公共图书馆法人治理结构评价体系研究[J].图书馆建设,2015(2):26-28.

[76] 祁述裕.建立完善文化事业单位法人治理结构[EB/OL].[2016-04-21].http://culture.people.com.cn/n/2013/1206/c87423-23762921.html

[77] 中国文化报.推行理事会,我们准备好了吗?[EB/OL].[2016-04-21].http://edu.ifeng.com/gundong/detail_2014_02/24/34099239_0.shtml

[78] 中国文化报.山东济南成立"三馆"理事会[EB/OL].[2016-04-21].http://culture.people.com.cn/n/2015/0316/c172318-26697073.html

[79] 王全吉.文化观察:文化馆、图书馆等文化事业单位建立理事会成效如何[EB/OL].[2016-04-21].http://blog.sina.com.cn/s/blog_5d4418470101iitp.html

[80] 福田网.福田文化馆·舞蹈主题馆理事会成立[EB/OL].[2016-04-21].http://ifutian.sznews.com/content/2014-07/09/content_9778502.htm

[81] 福田网.福田区成立公共图书馆理事会[EB/OL].[2016-04-21].http://ifutian.sznews.com/content/2014-09/21/content_10271372.htm

[82] 朱良骏,赵新明.福田两文化主题馆成立理事会[EB/OL].[2016-04-21].http://

sztqb.sznews.com/html/2014-09/21/content_3010904.htm

[83] 韦春兰.国家公共文化机构法人治理结构试点单位——临桂县文化馆理事会工作已全面铺开[EB/OL].[2016-04-21].http://www.gxqyg.org/html/2015/dskd_0408/991.html

[84] 汉阳陵博物馆.汉阳陵博物馆理事会、监事会正式成立[EB/OL].[2016-04-21].http://www.sxdaily.com.cn/n/2015/0204/c327-5619929.html

[85] 人民网-湖南频道.湖南图书馆成立理事会 系湖南通过理事会管办分离文化事业单位[EB/OL].[2016-04-21].http://hn.people.com.cn/n/2015/0401/c336521-24350224.html

[86] 湖州市图书馆.湖州市图书馆理事会成立并召开第一次理事会议[EB/OL].[2016-04-21].http://www.chnlib.com/News/yejie/2014-11-14/12681.html

[87] 山东省文化厅.济南:群众艺术馆理事会制度让群众参与进来[EB/OL].[2016-04-21].http://www.sdwht.gov.cn/html/2015/gdxw_0728/22673.html

[88] 济南市图书馆.济南市图书馆理事会成立[EB/OL].[2016-04-21].http://www.chnlib.com/News/yejie/2015-03-20/14584.html

[89] 嘉兴在线.嘉兴市文化馆、嘉兴博物馆理事会成立[EB/OL].[2016-04-21].http://www.cnjxol.com/news/original/content/2014-11/15/content_3208018.htm

[90] 王嘉.成都市文化馆、成都图书馆理事会成立[EB/OL].[2016-04-21].http://scnews.newssc.org/system/20141119/000510970.html

[91] 数字东城.北京市东城区第一图书馆、第二图书馆成立理事会[EB/OL].[2016-04-21].http://www.bjdch.gov.cn/n3952/n3954/n3956/c1180747/content.html

[92] 南京图书馆.南京图书馆召开首届理事会、监事会成立大会[EB/OL].[2016-04-21].http://www.jslib.org.cn/njlib_gqsb/201411/t20141128_132089.htm

[93] 浦东新区宣传部.浦东图书馆成立首届理事会[EB/OL].[2016-04-21].http://shzw.eastday.com/shzw/G/20150323/u1ai146560.html

[94] 李庆禹.山西省图书馆理事会正式成立[EB/OL].[2016-04-21].http://www.mcprc.gov.cn/whzx/qgwhxxlb/sx/201512/t20151228_460015.html

[95] 四川新闻网.成华区图书馆第一届理事会、监事会成立大会及第一次理事会召开[EB/OL].[2016-04-21].http://digital.newssc.org/system/20131205/000090695.html

[96] 杨小旗.毕节市图书馆理事会正式成立[EB/OL].[2016-04-21].http://www.bijie.gov.cn/zxzx/bjyw/32691.shtml

[97] 苍南新闻网.县文化馆理事会成立[EB/OL].[2016-04-21].http://www.cnxw.com.cn/system/2014/06/08/011685193.shtml

[98] 中国新闻网.浙江图书馆首届理事会成立 欲做法人治理先驱者图书馆图书馆事业[EB/OL].[2016-04-21].http://www.chinanews.com/cul/2015/12-22/7682299.shtml

[99] 镇江日报.镇江市图书馆理事监事共议事[EB/OL].[2016-04-21].http://www.js.

xinhuanet.com/2016-02/25/c_1118152613.htm

[100] 中国图书馆网.重庆图书馆理事会正式成立[EB/OL].[2016-04-21].http://www.chnlib.com/News/yejie/2015-12-28/50373.html

[101] 中国图书馆网.株洲市首家法人治理结构试点单位正式成立[EB/OL].[2016-04-21].http://www.chnlib.com/wenhuadongtai/2016-01-07/51438.html

附件 A

上海图书馆(上海科学技术情报研究所)理事会章程

(2014年10月28日理事会第一次工作会议审议通过)

第一章 总 则

第一条 为规范本单位行为,确保公益目标的实现,根据《事业单位登记管理暂行条例》及其实施细则和国家有关法律法规及其他有关规定,制定本章程。

第二条 本单位名称是上海图书馆(上海科学技术情报研究所),以下简称馆所。

第三条 本单位注册登记地址是上海市徐汇区淮海中路1555号。

第四条 本单位经费来源为上海市财政全额拨款。

第五条 本单位开办资金为人民币2 700万元。

第六条 本单位举办单位是中共上海市委宣传部。

第七条 本单位登记管理机关是上海市事业单位登记管理处。

第二章 宗旨和业务范围

第八条 本单位宗旨是为社会提供公益性的图书情报服务。

第九条 本单位业务范围包括:提供图书资料,开展信息咨询、学术研究、影视制作、展览与会议服务等。

第三章 举办单位

第十条 举办单位的权利：

（一）提出馆所举办宗旨和业务范围；

（二）组建馆所理事会；

（三）向馆所理事会委派相关理事；

（四）提名或任免馆所理事会理事长、副理事长；

（五）批准馆所理事会工作报告；

（六）监督馆所运行；

（七）审核馆所理事会章程草案及章程修改草案；

（八）行使法律法规规定的举办单位权利。

第四章 理 事 会

第一节 理事会的构成及职责

第十一条 馆所理事会是馆所发展和运行的决策咨询和监督管理机构，向举办单位报告工作。

第十二条 理事会由 11—13 名理事组成。其来源与产生方式为：

（一）市人大、市政府、市政协有关部门领导；

（二）教育、科技、文化等界代表；

（三）企事业、市民代表；

（四）馆所领导、职工代表。

理事由举办单位会商相关部门协商产生。

馆所主要领导为当然理事。

根据工作需要,理事会设秘书长、副秘书长 1—2 人。

理事会每届任期 3 年。

第十三条 理事会行使下列职权：

（一）对馆所发展战略、规划、重大的发展项目和改革举措提出意见和建议；

（二）对馆所内设机构或分支机构设置方案提出意见和建议；

（三）对馆所年度工作计划提出意见和建议；

（四）听取馆所对规划、计划及有关决议、决定的执行情况报告，以及年度工作报告等并提出意见和建议；

（五）听取馆所有关财政预算方案和决算情况的报告并提出意见和建议；

（六）对馆所人才队伍建设提出意见和建议；

（七）对馆所国有资产的管理进行监督；

（八）对馆所进行业绩评估，并提交评估报告；

（九）理事会届满前三个月内负责组建下届理事会，并报举办单位审核同意；

（十）对馆所其他重大事项提出咨询意见或建议。

第二节 理　　事

第十四条　理事每届任期与理事会每届任期相同。任期届满，可以连任。

理事不因理事职务在馆所领取薪酬，因履行理事职责产生的交通、通讯等费用，可按有关规定列支。

第十五条　理事应具备履职的知识和能力，熟悉并遵守有关法律法规和国家政策，根据馆所举办宗旨，忠实、诚信、勤勉地履行职责。

第十六条　理事享有以下权利：

（一）出席理事会会议，享有发言权、提议权、表决权、选举权和被选举权；

（二）对理事会会议和馆所开展业务活动情况的知情权、建议权、监督权；

（三）理事会赋予的其他权利。

第十七条　理事应当履行以下义务：

（一）遵守有关法律法规和理事会章程，维护馆所权益以更好地为公众服务；

（二）秉持诚信和勤勉精神，在理事职责范围内行使权利，认真履行职责；

（三）了解馆所的使命、职责、服务内容，推荐合作项目，征询发展建议，积极筹募资金，支持事业发展；

（四）完成理事会委托的任务；

（五）理事不得通过在理事会任职而获取任何非法利益；

第十八条　理事可以在任期内提出辞职。辞职应向理事会递交书面报告，经理事会会议批准并报经举办单位同意后，理事资格方可终止。

第十九条　理事发生以下情形的，理事会应按程序终止其理事资格：

（一）无正当理由连续三次以上不参加理事会会议的；

（二）因本人身体健康和工作等原因，不能继续履行理事职责的；

（三）违反法律法规，被追究刑事责任的；

（四）法律法规规定的不适宜担任理事的其他情形。

第二十条　理事代表部门或单位提出更换理事的，由举办单位会商相关部门或单位予以更换。

第二十一条　理事出现空缺，应及时按原产生方式及程序填补缺额。

第三节　理　事　长

第二十二条　理事会设理事长1名、副理事长1名，由举办单位任命。副理事长一般由馆所主要领导担任。

副理事长协助理事长管理理事会日常事务性工作。

第二十三条　理事长行使下列职权：

（一）召集和主持理事会会议；

（二）确认理事会会议议题；

（三）督促和检查理事会决议的落实情况；

（四）理事会赋予的其他职权。

第二十四条　理事长不能行使职权时，由理事长指派副理事长代行其职权。

第四节 理事会会议

第二十五条 理事会一般每年定期召开2次会议。根据实际情况，也可由全部理事三分之一以上的理事或馆所主要领导提议召开临时理事会会议。理事会会议一般由理事长召集和主持。

第二十六条 理事会会议程序：

（一）提议召开理事会会议，并确定会议议题；

（二）提前十个工作日将会议通知（时间、地点、议题等）及相关材料送达全体理事；

（三）就会议议题进行讨论；

（四）表决并形成理事会决议；

（五）制作会议记录。

第二十七条 理事会会议须有全部理事的三分之二以上出席方为有效。

第二十八条 理事会会议采取记名方式投票表决，每名理事享有一票表决权。

理事会决议一般事项须经全部理事的半数以上通过，重大事项须经全部理事三分之二以上通过。

重大事项包括但不限于：

（一）业务发展规划；

（二）重大业务活动计划；

（三）机构设置方案；

（四）重大财务事项；

（五）章程修改。

理事会决议违反法律、法规和理事会章程规定的，在表决中投赞成票的理事承担相应责任，不赞成的不承担责任。

理事会会议，应当由理事本人出席；理事因故不能出席，可以书面委托其他理事代为出席，委托书中应当载明授权范围。

第二十九条　理事会会议应当有会议记录。出席会议的理事、秘书长、副秘书长应当在会议记录上签名。理事会会议记录作为馆所重要档案由档案部门妥善保存。

第三十条　理事会会议记录应当载明以下内容：

（一）出席会议的理事，列席人员，缺席人员及事由；

（二）会议的日期、地点；

（三）主要议题及议程；

（四）各位理事的发言要点；

（五）提交表决事项的表决结果；

（六）理事会认为应当载入会议记录的其他内容。

第五章　管 理 层

第三十一条　馆所管理层由馆所长及馆所职能部门负责人组成，是理事会的执行机构。

管理层实行馆所长负责制。

第三十二条　管理层履行下列职责：

（一）执行理事会决议；

（二）拟定和实施年度工作计划等日常业务管理；

（三）编制并组织实施经费预算等财务资产管理；

（四）工作人员管理；

（五）定期向理事会汇报工作；

（六）理事会赋予的其他职权。

第三十三条　管理层人员的产生、任免根据《党政领导干部选拔任用工作条例》和上海市有关规定执行。

第三十四条　馆所长行使下列职权：

（一）全面负责馆所业务工作；

（二）管理馆所的日常事务；

（三）负责馆所的人事、财务、资产等管理；

（四）按照理事会决议主持开展工作；

（五）法律法规和本章程规定的其他职责。

第三十五条 馆所长作为拟任法定代表人人选，经登记管理机关核准登记后，取得馆所法定代表人资格。

第六章　资产的管理和使用

第三十六条 馆所的合法资产受法律保护，任何单位、个人不得侵占、私分、挪用。

第三十七条 馆所的经费使用应符合馆所举办宗旨和业务范围。

第三十八条 馆所执行国家统一的事业单位会计制度，依法接受税务、会计、审计等主管部门监督。

第三十九条 馆所财务人员按照有关法律法规和会计制度的规定配备、管理。

第四十条 馆所职工工资、社保、福利待遇按照国家有关规定执行。

第四十一条 理事会换届或法定代表人离任前，应当进行经济责任审计。

第七章　信息披露

第四十二条 馆所承诺按照国家法律法规和事业单位登记管理机关的规定，真实、完整、及时地披露以下信息：

年度工作报告；

项目招标信息；

经费预算说明及经费预算情况表。

第八章　终止和剩余资产处理

第四十三条 馆所有以下情形之一，应当终止：

（一）经审批机关或举办单位决定撤销；

（二）因合并、分立解散；

（三）因其他原因依法应当终止的。

第四十四条 馆所在申请注销登记前，理事会在举办单位和有关机关的指导下，成立清算组织，开展清算工作。清算期间不开展清算以外的活动。

第四十五条 清算工作结束，形成清算报告，经理事会通过，报举办单位审查同意，向事业单位登记管理机关申请注销登记。

第四十六条 馆所终止后的剩余资产，在举办单位和有关机关的监督下，按照有关法律法规进行处置。

第九章　章程修改

第四十七条 馆所有下列情形之一的，应当修改章程：

（一）章程规定的事项与修改后的国家法律、行政法规的规定不符的；

（二）馆所情况发生变化，与章程记载的事项不一致；

（三）理事会认为应当修改章程的其他情形。

第四十八条 理事会决议通过的章程修改案，经举办单位审查同意后，报登记管理机关核准备案。涉及事业单位法人登记事项的，须向登记管理机关申请变更登记。

第十章　附　　则

第四十九条 本章程经2014年10月28日理事会在上海市表决通过。

第五十条 本章程内容如与法律法规、行政规章及国家政策相抵触时，应以法律法规、行政规章及国家政策的规定为准。涉及事业单位法人登记事项的，以登记管理机关核准颁发的《事业单位法人证书》刊载内容为准。

第五十一条 本章程的解释权属于理事会。

第五十二条 本章程自事业单位登记管理机关核准备案之日起生效。

附件 A　上海图书馆(上海科学技术情报研究所)理事会章程

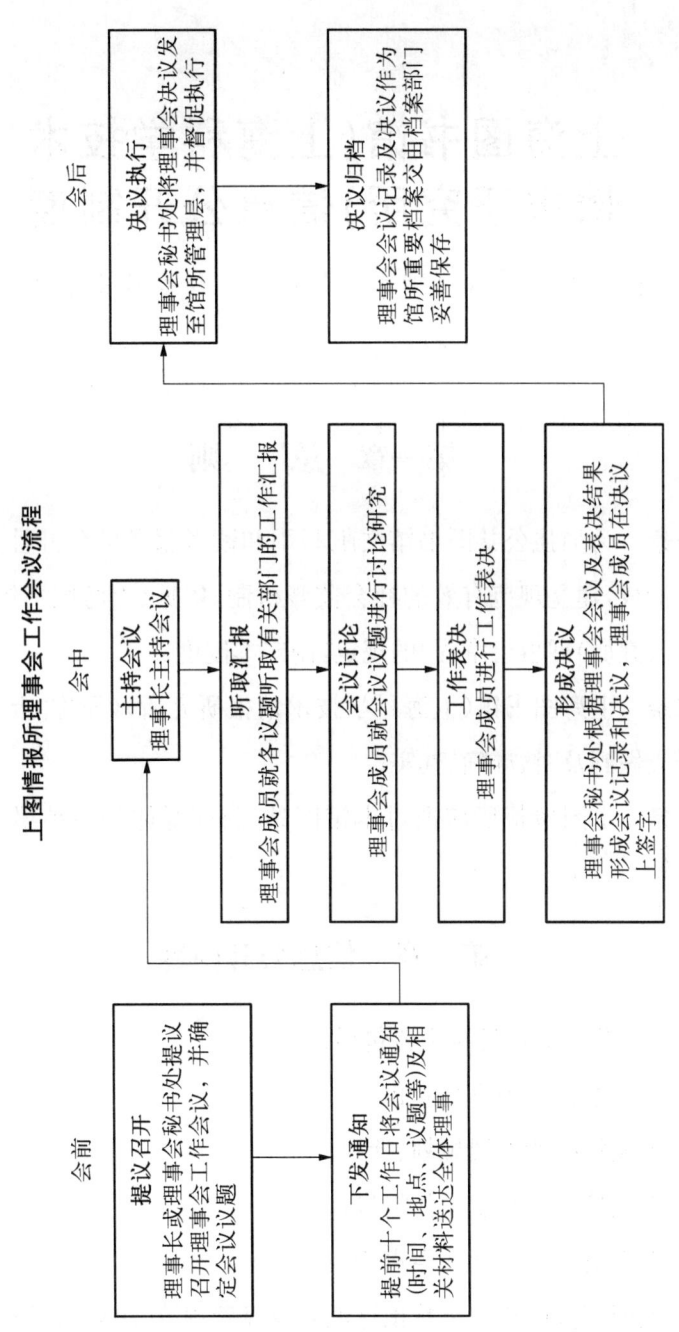

附件 B

上海图书馆(上海科学技术情报研究所)信息公开制度

(2016年3月3日理事会第四次工作会议审议通过)

第一章 总 则

第一条 为加强公共图书馆文献利用和读者服务的公开性、透明性,保障公众知情权,建立规范有效的社会监督机制,依据《上海图书馆(上海科学技术情报研究所)理事会章程》的规定,制定本制度。

第二条 上海图书馆(上海科学技术情报研究所)(简称"上图情报所")信息公开应做到及时、准确、真实。

第三条 上图情报所应通过本馆网站、新闻媒体等多种渠道发布各类信息。

第二章 信息公开内容

第四条 公开的信息应主要包括:

(一)上图情报所理事会章程;

(二)上图情报所发展规划、计划;

(三)上图情报所年度工作报告;

(四)上图情报所年度社会责任报告;

(五)上图情报所年度经费预算说明及经费预算、决算情况表;

(六)上图情报所年度阅读账单和阅读报告;

（七）上图情报所项目招标信息；

（八）理事会认为需要公开的其它信息。

第三章　信息公开程序

第五条　上图情报所信息公开应履行以下审查程序：

（一）提供信息的部门负责认真核对相关信息资料，并编写信息公开文稿；

（二）副理事长（党委书记）审核同意，或其授权的分管领导审核同意；

（三）党政办公室发布信息公开公告及实施信息公开。

第六条　图书馆发现已公开的信息有错误、遗漏或误导时，应及时发布更正公告、补充公告或澄清公告。

第七条　公众需要向上图情报所取得某项信息，应按以下程序办理：

（一）读者服务类信息向上图情报所总咨询台咨询；

（二）非读者服务类信息向上图情报所党政办公室提交申请，党政办公室进行审核；

（三）如属非禁止公开的信息，党政办公室签署意见后报分管馆领导批准后答复申请者；

如属禁止公开的信息，党政办公室签署意见报分管领导批准后，答复申请者。

第四章　信息公开的组织实施

第八条　上图情报所党政办公室负责馆所信息公开事务，相关部门和人员应向党政办公室提供必要的协助。

第九条　党政办公室可根据信息公开的内容，选择以下一种或几种方式发布：

（一）上图情报所网站。

（二）上图情报所一楼读者公告屏。

（三）上图情报所总咨询台信息取阅栏。

（四）读者短信平台、微博、微信。

（五）印刷文本。

（六）新闻发布会。

（七）报纸、电视、电台等新闻媒体发布。

（八）其他方式。

第五章　附　　则

第十条　本制度经理事会审议通过之日起实施。

第十一条　本制度如有与国家有关规定相冲突的，以国家规定为准。

第十二条　本制度由上图情报所负责解释。

附件 C

上海图书馆(上海科学技术情报研究所)年度工作评价制度

(2016年3月3日理事会第四次工作会议审议通过)

第一章 总　则

第一条　为提高上海图书馆(上海科学技术情报研究所)(简称"上图情报所")公共服务管理水平,提高公共文化服务社会效益,依据《上图情报所理事会章程》的规定,制定本制度。

第二条　上图情报所的年度工作评价应做到客观、真实,严禁弄虚作假。

第三条　上图情报所的工作评价原则上每年一次。

第二章　工　作　评　价

第四条　上图情报所的年度工作评价是指用定性或定量的方法,对其主要工作及预定目标进行客观的评价,主要工作包括公共服务、情报服务、资源保障、基层党建、文明创建、群众工作、统战工作、队伍建设、综合治理、党风廉政、内部审计、国资管理等。

工作评价应以社会价值取向和文化发展为依据,以整体状况、主要工作指标为评价对象,以运行状态、工作水平和实际效果为评价内容,以管理能力和服务效益为评价重点,客观评价上图情报所投入与产出的绩效状况。

第五条　上图情报所工作评价参考依据包括:国家、省级文化行政主管部门、行业管理机构等进行的图书馆评估结果,上级部门的年度工作测评结果，市财政预算绩效管理工作考核结果等；获评全国文明单位、上海市文明单位、上海市文明行业等重要社会荣誉可纳入该年度工作评价的"加分指标"。

第六条 年度工作评价由上图情报所理事会或自行或委托第三方独立开展。

第七条 上图情报所年度工作评价结果须经理事会审议后报上级部门。

第三章 责 任 追 究

第八条 经年度工作评价，如有因管理失误造成工作目标无法达到或绩效低下的，由理事会责成管理层作出整改并报上级部门备案。

第四章 附 则

第九条 本制度经理事会审议通过之日起实施。

第十条 本制度如有与国家有关规定相冲突的，以国家规定为准。

第十一条 本制度由上图情报所理事会负责解释。

C1 上图情报所理事会实施年度工作评价细则

（2016年11月17日理事会第五次工作会议审议通过）

第一条 依据2016年3月3日上图情报所理事会第四次工作会议审议通过的《年度工作评价制度》，为提高上图情报所公共服务管理水平及社会效益上图情报所理事会拟开展年度工作评价，特制定本细则。

第二条 评价主旨：以社会价值取向和文化发展为依据，以整体状况、主要工作指标为评价对象，以运行状态、工作水平和实际效果为评价内容，以管理能力和服务效益为评价重点，客观评价上图情报所投入与产出的绩效状况。

第三条 组织实施：由上图情报所理事会秘书处制定年度工作评价计划并负责实施。

第四条 评价内容：公共服务、情报服务、资源保障、基层党建、文明创建、群众工作、统战工作、队伍建设、综合治理、党风廉政、内部审计、国资管理等。具体评价指标见附表。

第五条 参考依据：国家、省级文化行政主管部门、行业管理机构等进行的图书馆评估结果，上级部门的年度工作测评结果，市财政预算绩效管理工作考核结果等；获评全国文明单位、上海市文明单位、上海市文明行业等重要社会荣誉可纳入该年度工作评价的"加分指标"。

第六条 本细则由上图情报所理事会秘书处负责解释。

第七条 本细则自 2016 年 11 月 17 日起施行。

C2　上图情报所年度工作评价指标

上图情报所年度工作评价指标

考核项目	考核指标名称	考核内容
公共服务	文献服务	文献服务情况；定量指标包括：办理读者证量、文献流通量、文献馆际互借量、文献传递量等
	阅读推广	组织馆藏揭示、书目推荐、读书活动的情况
	社会教育	开展社会教育活动的总体情况，包括讲座、展览、培训及特殊群体读者服务情况
	协作协调	推进大都市中心图书馆服务体系建设情况；定量指标包括：总、分馆及基层服务点文献流通量，为行业情报发展联盟成员提供服务情况，境外上海之窗文献补充及向馆所赠书情况等
情报服务	决策咨询	情报领域研究与服务的总体情况；定量指标包括：内参编制，定题服务，人大/政协专题服务等
	参考咨询	为读者（用户）提供信息咨询服务的总体情况；定量指标包括：科技查新项目，网上、电话、微信、微博服务
	课题研究	承担国家及上海的科研课题研究情况

续表

考核项目	考核指标名称	考核内容
资源保障	文献采集	文献采集总体情况;定量指标包括:文献采集量,中文图书、外文图书、中文报刊、外文报刊、数字资源采集量
	文献组织与加工	年文献组织及加工量;定量指标包括:中文图书、外文图书、报刊编目量等
	数字化建设	特色馆藏资源数字化情况;定量指标包括:全文扫描家谱、古籍、民国图书、民国期刊的数量,二次文献编制量
	文献资源保存与保护	历史文献的修复、清点、消毒等情况
	网络系统的维护与服务	网络系统的维护、网页的更新等情况及网页点击量
基层党建	党建工作计划制订和执行	制订单位基层党建年度工作计划和发展党员、党员学习教育、党支部书记培训等计划,并按计划完成全年各项任务
	党务管理	发展党员程序严格规范
		党支部普遍开展"双结对"
		严格执行党费收缴、使用和管理制度
	党建工作责任制	党委书记认真履行"第一责任人"责任,其他班子成员切实履行"一岗双责"
		党委定期听取研究基层党建工作,并组织开展工作检查
		领导班子严格执行各项党内生活制度
	骨干队伍建设	基层党组织设置合理,党组织负责人配备到位,建立基层党组织书记选拔培养、学习培训、述职考评机制
		配齐配强各级专兼职党务干部队伍,并组织开展培训及考核
		严格落实"三会一课"、民主评议党员等制度
	服务载体创新	深入开展创先争优活动,普遍开展党员公开承诺,党员责任区、党员先锋岗等
		深入开展党员"党员人人做公益"志愿服务行动,积极参与区域化党建联建和城乡党组织结对帮扶

续 表

考核项目	考核指标名称	考 核 内 容
基层党建	机制制度建设	群众诉求表达渠道畅通
		建立基层党组织工作经费保障机制
	党建工作典型经验	形成可推广、可复制、具有全局指导意义的经验做法
文明创建	文明创建基础工作	制订文明创建工作年度计划,并按计划完成全年各项任务
		党委定期研究创建工作,并开展经常性的指导检查和骨干培训
	文明创建重点工作	深入开展社会主义核心价值观宣传教育
		积极组织开展各类社会公益和志愿服务活动
群众工作	群众工作基础工作	各级基层单位工青妇组织机构健全,基本制度完善
		党建带群建工作机制健全
	群众工作重点工作	围绕职工学习、岗位建功等,组织开展内容丰富、形式多样的主题活动
		切实关心服务职工群众
		健全职代会制度,认真落实政务公开
		大力挖掘、培育和宣传先进典型
统战工作	统战工作基础工作	制订贯彻落实加强党外代表人士队伍建设实施意见的具体方案,落实相关职责任务
		定期召开党外人士情况通报会、沟通座谈会等
		建立统战对象信息数据库,相关信息全面准确
	统站工作重点工作	对调研对象进行全面梳理,并建立分类联系、培养方案
		组织无党派知识分子开展多种形式的学习实践活动
		为民主党派基层组织建设提供必要经费和物质支持
		做好重点人士的关心培养,积极搭建平台
队伍建设	班子建设	中心组学习、民主生活会规范正常
		严格执行"三重一大"议事规则

续 表

考核项目	考核指标名称	考核内容
队伍建设	班子建设	班子团结和睦,工作合力较强
		执行《干部任用条例》规定的工作程序等情况
	人才队伍建设	后备干部及时参加中青班、全市统一挂职锻炼等培训
		建立"一把手抓第一资源"的人才工作领导协调机制
		制定年度人才工作计划
		建立建全人才培养、引进、使用、激励等机制
		建立梯队合理的人才库
	干部人事管理	严格贯彻执行国家、本市出台的各项人事政策规定
		关心干部,支持工作,提醒不足
		人事相关材料归档及时、规范、完整
		研究并关心老干部工作
	培训工作	制定详细的培训计划
		落实安排专项资金保障培训工作
		年度培训计划全面完成,并进行工作总结
综合管理	办文、办会、信息工作	行文规范
		主办重要会议和活动,方案明确
		制定信息报送工作规范,并按时报送工作简报
		准确及时报送总结、计划等工作信息
	督查、督办工作	做好上级重要文件、会议精神和重要决策部署的贯彻落实
		认真办理领导批示件,及时跟踪进展情况
	保密安全工作	健全组织机构和工作规范
		定期开展保密培训和警示教育活动
		有应急处理预案,定期开展保密检查
	综治信访工作	健全综治信访组织,有专门人员组成的安保队伍
		年度综治信访工作计划完整具体,建立健全可操作的各类突发事件应急预案

续 表

考核项目	考核指标名称	考 核 内 容
党风廉政	重要工作亲自部署	党风廉政建设主体责任明确
		定期部署党风廉政建设工作,听取纪委工作汇报,分析单位反腐倡廉形势,并定期组织监督检查
		中心组学习、党风廉政教育有具体计划和要求;定期分析党员干部队伍状况;亲自上党课并开展警示谈话和提醒教育
	重大问题亲自过问	选好用好干部计划方案具体
		强化对权力运行的制约和监督
		加强纪检队伍建设
	重点环节亲自协调	对重要信访调查、重要违纪案件查处工作亲自协调
		责任项目亲自协调落实
	重要案件亲自督办	排除干扰、旗帜鲜明支持纪检监察部门履行职责
		督促重复信访件了解核实,办案进程亲自督办
	当廉洁从政的表率	严格遵守中央八项规定、《廉政准则》
		按规定如实向党组织报告个人有关事项
		带头述职述廉,主动接受干部群众评议
内部审计	机构建设	有独立审计机构,配置专职审计人员
		成立经济责任审计工作领导小组,定期召开会议
	管理工作	及时上报年度工作总结及计划,财务决算审计报告
		经济责任审计项目按计划完成
	成果运用	年度财务决算审计报告反映问题及时整改
		建立审计整改联合督查制度
国资管理	日常管理	日常管理规范、有效性
		国有资产保值保全和预算执行情况
	制度执行	国资管理相关制度执行情况
	项目完成	重大项目、历史遗留问题完成情况

附件 D

上海图书馆（上海科学技术情报研究所）年度报告制度

(2016年11月17日理事会第五次工作会议审议通过)

第一章 总　　则

第一条　为保证以公开透明的方式向社会发布上海图书馆（上海科学技术情报研究所）（简称"上图情报所"）公共服务信息，依据《上图情报所理事会章程》，制定本制度。

第二条　上图情报所年度报告内容应客观、真实、准确，严禁弄虚作假。

第三条　上图情报所年度报告应于每年上半年向理事会提交审议并获批准。

第四条　上图情报所年度报告每年上半年通过网站形式，向社会公布，接受社会监督。

第二章　年度报告内容和格式

第五条　年度报告应包括以下内容：

（一）上图情报所上年度工作报告；

（二）上图情报所本年度工作计划；

（三）上图情报所年度社会责任报告；

（四）上图情报所年度经费预算说明及经费预算情况表；

（五）图书馆章程规定的其他内容。

第六条　年度报告的格式以白皮书形式发布。

第三章　年度报告产生的程序

第七条　年度报告的产生应符合以下程序：

（一）经上图情报所行政例会讨论；

（二）经上图情报所理事会审议；

（三）经上图情报所职工代表大会表决；

（四）报市委宣传部和事业单位登记管理机关备案；

（五）在上图情报所网站公布。

第四章　附　　则

第八条　本制度自理事会审议通过之日起实施。

第九条　本制度如与国家有关规定相冲突，以国家规定为准。

第十条　本制度由上图情报所理事会负责解释。

附件 E

上图情报所理事会年度工作要点、计划和报告

E1 上图情报所理事会 2015 年度工作要点

2015年上图情报所理事会将认真学习贯彻党的十八大、十八届三中、四中全会精神和习近平总书记系列重要讲话精神,深入推进文化体制改革,全面完成"十二五"规划的各项目标和任务,精心谋划"十三五"规划,不断推进公共图情服务体系创新发展。2015年上图情报所理事会开展的主要工作包括:

一、定期召开理事会工作会议

2015年计划召开两次理事会工作会议。第一次会议拟于2月召开,主要议程:审议通过《理事会2015年度工作要点》、《2015年度工作计划》等,为"十三五"发展规划建言献策;第二次会议拟于10月召开,主要议程:审议《"十三五"发展规划纲要(草案)》,审议通过理事会相关工作制度等。

二、制定并实施理事会工作制度

根据理事会章程中有关信息披露的内容要求,2015年,理事会将强化制度建设,制定并实施若干理事会工作制度,包括《年度报告制

度》、《信息公开制度》、《年度工作评价制度》，以及《决策失误追究制度》等。

三、加强理事会工作学习调研

2015年，理事会秘书处在原有《图情观察》内参简报中增设"事业改革"栏目，动态跟踪国内外图书馆界体制改革、理事会工作的动态信息，定期推送各位理事，为理事会建设提供研究支撑。为更好地推动理事建言献策，将在内部网开辟"理事会工作"专栏的基础上，为每位理事开辟可登陆内部网的VPN账号，理事可即时了解发展信息并建言献策。另外，理事会计划赴广州、温州、南京等地公共图书馆开展工作调研，学习调研成功经验与典型做法，推动理事会工作再上新台阶。

四、保障理事会工作经费

理事会作为上图情报所发展和运行的决策咨询和监督管理机构，得到全馆上下的高度重视，其工作予以单独的经费保障。经费主要包括：工作调研、专家咨询、宣传制作及图书资料等。

五、注重理事会工作宣传

2015年，理事会将利用图书馆服务宣传周、法制宣传日等契机，加强理事会工作的宣传。一是加强改革目标宣传，尤其在改革涉及的相关部门，争取这些部门的理解、认同、支持；二是加强社会氛围营造，争取社会上有实力、也有社会责任感的企业、企业家投身参与到公共文化事业中来，深化与大型企事业单位的合作；三是加强工作成效总结，及时把经验、问题、措施总结出来，供同行借鉴参考；四是加强内部积极性调动，计划在内部网上开设"理事会工作"专栏，加大宣传，营造良好氛围。

E2　上图情报所理事会 2015 年度工作计划

工作项目	计划时间	工 作 内 容
召开会议	2015 年 2 月	审议通过《理事会 2015 年度工作要点》、《2015 年度工作计划》等，为"十三五"发展规划建言献策
	2015 年 10 月	审议《"十三五"发展规划纲要（草案）》，审议通过理事会相关工作制度等
制定制度	2015 年 9 月前	研究制定理事会《年度报告制度》、《信息公开制度》等，广泛征求意见建议，并提交理事会工作会议审议通过
学习调研	2015 年 1 月	《图情观察》内参简报中增设"事业改革"栏目，动态跟踪国内外图书馆界体制改革、理事会工作的动态信息
	2015 年下半年	组织理事赴广州、温州、南京等地公共图书馆开展理事会工作调研
服务理事	2015 年 3 月前	为理事开通内网 VPN 账号，理事可即时了解发展信息并建言献策
工作宣传	2015 年 1 月	内部网开辟"理事会工作"专栏
	2015 年	在图书馆服务宣传周、法制宣传日等时间节点，开展理事会工作宣传

E3　上图情报所理事会 2015 年工作报告

2014 年 10 月 28 日，上图情报所理事会正式成立，时任市委常委、宣传部部长徐麟，市委宣传部副部长陈东，市文化广播影视管理局局长胡劲军等领导参加会议，著名学者余秋雨任理事长。成立一年来，理事会认真学习贯彻党的十八大、十八届三中、四中全会精神和习近平总书记系列重要讲话精神，充分发挥"决策咨询和监督管理"职能，深入推进文化体制改革，不断推进

公共图情服务体系创新发展。现总结如下:

一、定期召开理事会工作会议

根据理事会章程"理事会一般每年定期召开2次会议",自成立以来理事会已成功召开三次工作会议,期间曾专门邀请余秋雨理事长来馆工作调研,指导工作。

2014年10月28日,理事会召开第一次工作会议,理事长余秋雨主持会议并讲话。会议听取了副理事长、党委书记叶汝强就理事会章程(草案)起草过程所做的说明,听取了理事、馆所长吴建中就近年来围绕创新驱动发展战略开展的图情服务工作所作的工作报告。会议经过充分讨论,一致认为章程(草案)框架完整、条理清晰、权责分明,程序合法,表决通过了章程(草案),待申报上级主管部门备案后正式生效。同时,与会理事就发挥理事单位资源优势,加强公共文化服务宣传;建立对标体系,明晰世界级城市图书馆建设目标;深化单位共建合作,实现共赢等方面进行了深入的交流和探讨。余秋雨理事长在讲话中充分肯定了近年来在图情并茂的研究型公共图书馆建设,改革创新推进全民阅读活动,决策咨询服务助力上海转型发展等方面取得的显著成绩,并对下阶段的工作提出了具体要求:一是要在推进理事会履行职能方面作出新贡献。理事会除了行使好决策咨询和监督管理的职责外,要以社会的整体价值作为坐标,来肯定、鼓励并推动工作;二是要充分发挥理事会成员的专业优势、协同优势和社会影响力,帮助解决发展中碰到的困难和问题;三是要加强秘书处工作。配备较为稳定的人员,建立定期议事制度,保障并推动理事会工作的正常运转和科学发展;四是要密切关注事业单位法人治理结构中出现的新情况新问题,加强前瞻性、预见性、系统性研究。

2015年2月6日,理事会召开第二次工作会议,全体理事及委托人参加会议,会议由余秋雨理事长主持。会上,副理事长、党委书记叶汝强作理事会

2015年工作要点汇报，理事、馆所长吴建中作 2015 年度工作计划报告。会上，与会理事认真审议、研究讨论了两份工作报告，一致认为报告框架完整、条理清晰、工作明确，表决通过了工作报告，并对上图情报所和理事会的工作提出了意见建议，具体包括：工作计划要在梳理常规、重点业务的同时，强调突出年度重点工作；图书馆要提供多层次的阅读报告供上海发展作参考，充分发挥阅读指挥棒的作用；科技智库建设要对标国际一流智库机构，聚焦重点领域，成立专门研究队伍；上图情报所乃至整个图书馆行业要与全市中心工作深度融合，在面向基层的文化配送、文化场所数字化进程、社区文化中心专业化管理等方面发挥积极作用；要在把握文教融合、文科融合的背景下，以数字图书馆发展的升级换代为契机，解决图书馆面临时间、空间发展的局限，尽力做好各项工作；满足企业对行业技术、科技战略的需求，上图情报所可制作有深度的科技情报及专利分析产品定期推送给企业。

2015 年 9 月 2 日，受上图情报所之邀，余秋雨理事长来馆开展工作调研。党委书记、副理事长叶汝强，副馆所长何毅、陈超、刘炜等陪同调研。会上，上图情报所领导和理事会秘书处向余秋雨理事长汇报了上海图书馆东馆筹建、"十三五"发展战略规划编制、文化部公共文化研究基地建设，以及理事会的工作情况等。余秋雨理事长对上半年的工作成绩表示高度肯定和评价，他提出"十三五"规划要立意新、起点高，紧紧围绕上图东馆、文化部公共文化研究基地等一系列重大项目，全面实施转型战略，加快建设世界级城市图书馆，构建现代公共图情服务体系。对于东馆项目，余理事长提出要面向未来和青年人、注重世界级设计、打造文化乐园、赋予奇思妙想、聘请驻馆专家提升全球影响力等意见和建议，他希望上图东馆能成为上海建设国际文化大都市的标志性建筑和文化景观。关于"文化部公共文化研究基地"建设，他希望注重实践探索，加强经验推广，重点研究和解决最实际的问题，同时攻克一些具体的、引领的关键技术问题，进一步提升公共服务效能。对于理事会工作，他建议理事会探索评估权、聘请权及特殊情况下的仲裁权等权利，同时要求理事会秘书处进一步发挥"粘合剂"和"催化剂"的作用,加强沟通,做好服务,有序推进理事会各项工作。

2015年11月20日,理事会召开第三次工作会议,全体理事及委托人参加会议,会议由余秋雨理事长主持。副馆所长何毅、陈超、刘炜列席会议。会上,上图情报所领导分别汇报了文化部公共文化研究基地建设、"十三五"发展规划编制、上图东馆筹建、上图情报所2015年度工作总结与2016年度工作思路,以及理事会2015年度工作报告等。与会理事同时研究审议了《信息公开制度》、《年度工作评价制度》。余理事长对上图情报所2015年的工作成绩表示高度肯定和评价,他再次强调理事会工作的重要性,提出以非专业的社会目光关注图书馆发展,推进相关工作开展。同时,要进一步规范内部管理机制,探索理事会成为决策机构而进行积极探索与实践,并履行理事会的监督职能。他特别指出,理事会应坚持"不缺席"、"不干扰"的工作模式,充分保障图书馆发展的创新和自由的特点。

二、注重规范有序,深化制度建设

理事会注重工作规范有序,不断强化制度建设,制定并实施了若干理事会工作制度。根据理事会章程中有关信息披露的内容要求,在理事会第三次工作会议上,理事们认真研究审议并表决通过了《信息公开制度》和《工作评价制度》。《信息公开制度》着重加强公共图书馆文献利用和读者服务的公开性、透明性,保障公众知情权,建立规范有效的社会监督机制;公开内容包括:理事会章程,发展规划、计划,工作报告,社会责任报告,经费预算说明及经费预算情况表等。《工作评价制度》着重提高公共服务管理水平,提高公共文化服务社会效益,提出每年委托第三方机构独立开展一次绩效评估;经评估,如有因管理失误造成工作目标无法达到或绩效低下的,由理事会作出谴责决定并报上级部门备案。

三、强化理事会工作学习研究

理事会注重学习研究,加强与兄弟单位的交流探讨。一年来,理事会参加了全国公共文化机构法人治理理论与实务研讨会;并先后与上海博物馆、呼伦贝尔市事业单位法人治理结构调研团、重庆市文化委员会座谈交流,介绍理事会的经验与做法。2015年6月,由党委书记、副理事长叶汝强带队,部分理事及秘书处一行3人赴深圳、东莞、温州三地开展公共图书馆理事会工作调研,深入学习兄弟图书馆的经验和做法,进一步夯实工作基础。调研主要围绕各馆理事会的定位与职能,理事的构成、产生方式与委任程序,理事会会议,以及理事会制度运行成效及问题等方面展开。

2015年10月,理事会向国家文化部成功申报"2015—2016年度国家公共文化服务体系制度设计研究课题"《治理路径下的公共图书馆理事会模式探索与实践》,党委书记、副理事长叶汝强、秘书长马春任项目负责人,项目拟从国外理事会理论研究及公共文化机构运行实践,国内公共图书馆法人治理研究热点分析,国内公共图书馆法人治理工作进展调研,理事会运行实践、成效与问题分析,以及国内公共图书馆法人治理结构模式研究等方面进行理论研究和实践探索。

四、保障并促进理事会工作

理事会作为上图情报所发展和运行的决策咨询和监督管理机构,得到全馆上下的高度重视。理事会第一次工作会议即宣布成立秘书处,秘书处设在研究室,研究室主任任秘书长。

秘书处保障并促进理事会的各项工作,积极发挥作用。成立一年来,秘书处申请了专项工作经费,经费主要包括:工作调研、专家咨询、宣传制作及图书资料等;定期为每位理事递送工作简报、动态等简报,便于理事了解发展动态;在内部网开辟"理事会工作"专栏的基础上,为每位理事开通可登陆内部网的 VPN 账号,理事可即时为发展建言献策;在原有《图情观察》内参简报中增设"事业改革"栏目,动态跟踪国内外图书馆理事会工作的信息,为理事会建设提供研究支撑;利用图书馆服务宣传周、法制宣传日等契机,加强理事会工作的宣传,营造良好的社会氛围。

五、下阶段工作计划

上图情报所理事会成立一年来,尚处于起步阶段,在困难与机遇中摸索,在尚缺乏各项相应政策措施和条件的环境下,积极稳妥推进,取得了初步成效,但也面临着一定的问题与挑战。下阶段拟从以下几方面开展工作。

1. 强化理事会作用发挥

由于处于起步阶段,各方条件不太成熟,理事会在定位上没能完全确定为决策机构,只能行使有限决策权。下阶段,理事会除了定期召开理事会工作会议,审议发展的重大事项,有效行使"决策咨询和监督管理"职能外,也要探索行使评估权、聘请权及特殊情况下的仲裁权等权利。其次,进一步健全理事会决策支撑机制,适时成立理事会专业委员会或咨询委员会,在资源建设、绩效评估、服务推广等方面为理事会决策提供专业咨询服务。第三,尝试由理事会委托社会专业机构开展财政项目绩效评估工作,在评估前向理事会汇报评估计划与方案,评估后向理事会作专题汇报,接受理事质询,而后向社会发布,有利于预算工作的科学管理。

2. 深化理事会制度建设

理事会将不断健全理事会运行和管理制度,在今年审议通过《工作评价制度》、《信息公开制度》的基础上,进一步完善总结经验,2016 年拟审议通过《年度报告制度》、《责任追究制度》等,通过制定配套的法规来保障理事会制度以实现真正的图书馆决策、监督和保障的科学化、规范化,提高服务效能的目标。同时,进一步探索实践理事培训与社会激励等机制,理事制度刚刚起步,尝试对新任理事进行履职培训,强化具体的操作指引;理事因履行理事职责产生的交通、通讯等费用给予补助,并在年终对履职表现突出的理事给予一次性奖励;探索诸如理事的社会价值、理事宣誓仪式、社会荣誉机制等,在全社会确立并宣扬理事会工作。

3. 注重理事会工作宣传

2016年,理事会将继续利用各种契机,加强工作宣传。一是加强改革目标宣传,尤其在改革涉及的相关部门,争取这些部门的理解、认同、支持;二是加强社会氛围营造,争取社会上有实力、也有社会责任感的企业、企业家投身参与到公共文化事业中来,深化与大型企事业单位的合作;三是加强工作成效总结,及时把经验、问题、措施总结出来,供同行借鉴参考;四是加强内部积极性调动,营造良好的改革氛围。

4. 深化事业单位法人治理研究

理事会将以国家文化部"2015—2016年度国家公共文化服务体系制度设计研究课题"《治理路径下的公共图书馆理事会模式探索与实践》为契机,进一步深化公共图书馆法人治理研究,通过对国外理事会理论研究及公共文化机构运行实践的研究,以及对当前省、市、区不同行政区域以及不同行政级别的公共图书馆法人治理结构的模式进行研究分析,并对国内公共图书馆法人治理工作的制度基础、评价体系,以及决策支撑机制等方面提出理论支持和工作建议,为国内公共图书馆推进法人治理工作提供可复制、可借鉴的经验。与此同时,力争在国内核心期刊或重要学术会议上发表若干学术论文;提炼形成若干研究简报,报课题委托方、上级主管部门、理事会等决策参考;参加国内公共图书馆法人治理工作学术研讨会,进一步总结经验,推广做法,营造氛围。

下阶段,理事会将就如何更好地发挥理事的作用,厘清行政主管部门、理事会和管理层的职能,规范内部管理机制,探索建立决策咨询委员会等方面进行积极探索与实践,以切实推进图书馆的法人治理改革工作,为文化事业单位改革助力。

上图情报所理事会
2015 年 11 月

E4　上图情报所理事会 2016 年度工作要点

2016 年上图情报所理事会将认真学习贯彻党的十八大、十八届历次会议精神和习近平总书记系列重要讲话精神，深入推进文化体制改革，聚焦重点目标任务，奋发有为、开拓创新，为"十三五"发展谋好篇、布好局、开好头。2016 年理事会开展的主要工作包括：

一、定期召开理事会工作会议

2016 年计划召开两次理事会工作会议。第一次会议拟于 3 月召开，主要议程：审议通过《理事会 2016 年度工作要点》、《2016 年度工作计划》等；第二次会议拟于 11 月召开，主要议程：审议《2016 年度工作报告》，审议通过理事会相关工作制度等。同时，邀请理事长、理事来馆调研，指导工作。

二、制定并实施理事会工作制度

根据理事会章程中有关信息披露的内容要求，2016 年，理事会将强化制度建设，制定并实施若干理事会工作制度，包括《信息公开制度》、《工作评价制度》、《年度报告制度》以及《决策失误追究制度》等。

三、开展国家公共文化服务体系制度设计研究课题

2015 年底，理事会申报的"治理路径下的公共图书馆理事会模式探索与实践"课题被国家文化部列入 2015—2016 年度国家公共文化服务体系制度

设计研究课题。2016年,课题组将重点研究国外理事会理论研究及公共文化机构运行实践,国内公共图书馆法人治理研究热点分析,国内公共图书馆法人治理工作实践,理事会运行实践、成效与问题等,以期为国内公共图书馆推进法人治理工作提供可借鉴的经验,争取于2016年第四季度完成课题验收。

四、加强理事会工作学习调研

2016年,理事会秘书处深化《图情观察》内参简报中"事业改革"栏目,动态跟踪国内外图书馆界体制改革、理事会工作的动态信息,分批发布文化部课题阶段研究成果,定期推送各位理事,为理事会建设提供研究支撑。同时,计划赴兄弟省市公共图书馆开展工作调研,学习调研成功经验与典型做法,推动理事会工作再上新台阶。

五、保障理事会工作经费

理事会作为发展和运行的决策咨询和监督管理机构,得到全馆上下的高度重视,其工作予以单独的经费保障。经费主要包括:工作调研、专家咨询、宣传制作及图书资料等。

六、注重理事会工作宣传

2016年,理事会将利用图书馆服务宣传周、法制宣传日等契机,加强理事会工作的宣传。一是加强改革目标宣传,尤其在改革涉及的相关部门,争取这些部门的理解、认同、支持;二是加强社会氛围营造,深化与大型企事业单位的合作;三是加强工作成效总结,及时把经验、问题、措施总结出来,供同行借鉴参考;四是加强内部积极性调动,深化内部网"理事会工作"专栏建设,加大宣传,营造良好氛围。

E5　上图情报所理事会 2016 年度工作计划

工作项目	计划时间	工 作 内 容
召开会议	2016 年 3 月	审议通过《理事会 2016 年度工作要点》、《2016 年度工作计划》等
	2016 年 11 月	审议《2016 年度工作报告》，审议通过理事会相关工作制度等
制定制度	2016 年 10 月前	研究制定《年度报告制度》、《责任追究制度》等，广泛征求意见建议，并提交理事会工作会议审议通过
课题研究	2016 年 10 月前	扎实开展国家文化部课题研究，以期为国内公共图书馆推进法人治理工作提供可借鉴的经验，争取于 2016 年第四季度完成课题验收
学习调研	2016 年	《图情观察》内参简报中深化"事业改革"栏目，动态跟踪国内外图书馆界体制改革、理事会工作的动态信息
	2016 年下半年	组织理事赴兄弟省市公共图书馆开展理事会工作调研
工作宣传	2016 年	深化内部网"理事会工作"专栏建设
	2016 年	在图书馆服务宣传周、法制宣传日等时间节点，开展理事会工作宣传

E6　上图情报所理事会 2016 年工作报告

2016 年，上图情报所理事会根据市委常委、宣传部长董云虎同志在《上图情报所理事会 2015 年工作报告》上的批示精神，认真学习贯彻党的十八大、十八届历次全会精神和习近平总书记系列重要讲话精神，充分发挥"决策咨询和监督管理"职能，深入推进文化体制改革，不断推进公共图情服务体系创新发展。现总结如下：

一、组织召开理事会工作会议

根据理事会章程"理事会一般每年定期召开 2 次会议",自成立以来理事会已成功召开四次工作会议,期间余秋雨理事长专程来馆调研,指导工作。2016 年 3 月 3 日下午,理事会召开第四次工作会议,11 名理事及委托人参加会议,会议由余秋雨理事长主持。经充分酝酿讨论,与会理事全票通过了《理事会 2016 年工作要点》、《馆所"十三五"发展规划》、《馆所 2016 年工作计划》等。余理事长在讲话中提出三点要求,一是希望上海图书馆在公共文化服务空间体系建设上起更大作用,牢牢把握"十三五"期间上图东馆建成开放的有利契机;二是创新理事会工作机制,通过引入专业机构精确评估等形式,进一步推动理事会工作的健康发展,并为国内公共文化机构法人治理工作作出示范;三是进一步提升上图的公共形象,更加注重传播,为全市乃至全国公共文化机构发展注入正能量,成为上海文化的第一风景。

2016 年 11 月 17 日下午,理事会召开第五次工作会议,12 名理事及委托人参加会议,会议由余秋雨理事长主持。与会理事听取了上图情报所主要领导调整、文化部公共文化研究基地建设、上图东馆建设等的工作汇报,审议并通过《年度工作评价细则》、《年度报告制度》和《理事会 2016 年度工作报告》。余秋雨理事长就理事会机制和功能的改进提出了工作设想:一是在理事会成员中明确"专职"人员(可由副理事长或理事担任);二是组织理事会成员开展"专题"研究;三是"专聘"业界专家,形成若干研究报告,为理事会科学决策提供依据。

二、注重规范有序,深化制度建设

馆所理事会注重工作规范有序,不断强化制度建设,制定并实施了若干理事会工作制度。根据理事会章程中有关信息披露的内容要求,在第四次工作会议上,理事们认真研究审议并表决通过了《信息公开制度》和《工作评价制度》。《信息公开制度》着重加强公共图书馆文献利用和读者服务的公开性、透明性,保障公众知情权,建立规范有效的社会监督机制。《工作评价制度》要求每年独立开展一次工作评价,成为提高公共文化服务社会效益的有力保障。理事会为科学开展工作评价,制定了《年度工作评价细则》。

三、积极投身馆所重大活动,助力影响力提升

2016年,馆所的多项重大活动中都能看到理事们忙碌的身影,理事们积极为馆所的转型发展,提升社会影响力贡献力量。在以"图书馆:社会发展的助推器"为主题的第八届上海国际图书馆论坛(SILF 2016)上,余理事长出席开幕式并作《图书馆与文化传承》的主旨报告,他生动且深入地描述了中国图书馆的发展历程,提出中国现代图书馆的发展,正在推动科技创新应用、提供多元文化服务、推进"全民阅读"等方面发挥至关重要的作用,引发了图书馆界学者与媒体的广泛关注。另外,作为文化部公共文化研究上海图书馆基地2016年度重点工作——"上海图书馆2016开放数据应用开发竞赛"历时2个多月,为我国首个家谱开放数据应用开发竞赛,上海电气集团副总裁、黄瓯理事受邀担任答辩评审专家。

四、强化工作调研与理论研究

理事会注重学习研究,积极加强与兄弟单位的交流探讨。3月,理事会副理事长、馆所党委书记叶汝强带队赴重庆图书馆开展工作调研,内容涉及该馆理事会工作运作机制和相关制度建设。2015年底,理事会秘书处成功申报文化部"2015—2016年度国家公共文化服务体系制度设计研究课题"《治理路径下的公共图书馆理事会模式探索与实践》,课题组历时一年,从国外公共图书馆法人治理政策研究及运行实践、国内公共图书馆法人治理工作现状研究、公共图书馆法人治理研究热点可视化、馆所理事会运行实践、成效与瓶颈分析等方面入手,已在国内核心学术期刊《图书馆杂志》上发表4篇论

文,形成报告近10万字。下阶段,课题组将深化研究,待系统梳理研究成果后出版著作,进一步提升馆所在国内公共图书馆法人治理结构研究的影响力。

下阶段,馆所理事会将就如何更好地发挥理事作用,厘清行政主管部门、理事会和管理层的职能,规范内部管理机制等方面积极探索与实践,以切实推进图书馆的法人治理改革工作,为文化事业单位改革助力。

上图情报所理事会
2016年11月

附件 F

"治理路径下的公共图书馆理事会模式探索与实践"调研问卷

贵单位理事会工作联系人_____

Email 和电话：_____

1. 贵单位的理事会成立时间_____年____月____日，成员数量_____，成员构成_____馆内外人数比_____：_____

2. 贵单位理事会人选的产生方式：_____

   A. 举办单位任命　　B. 民主选举　　C. 协议推选　　D. 公开招募

   E. 其他_____

3. 如果是选举产生，请问民主推荐的程序是怎样的？
   _____

4. 贵单位理事长是：_____

   A. 举办单位人员　　B. 贵单位人员　　C. 社会贤达人员

5. 贵单位理事会与举办单位之间的职责如何分工_____是否实现了真正的管办分离？_____

   A. 有　　B. 否

6. 贵单位理事会属于何种职能的机构：_____

   A. 咨询机构　　B. 决策机构　　C. 管理机构

   D. 其他_____

7. 贵单位理事会对以下哪些范畴有决策权：_____
（可多选）

  A. 计划、目标　　B. 财务预算　　C. 服务政策　　D. 人员引进

  E. 其他_____

8. 贵单位理事会开会频率：_____

  A. 每月一次　　B. 每季一次　　C. 每年 2 次

  D. 其他_____

9. 贵单位理事会任期：_____

  A. 2 年　　B. 3 年　　C. 4 年　　D. 5 年

  E. 其他_____

10. 贵单位理事会的运行经费具体来源是_____

  A. 财政专项拨款　　B. 自筹资金

  C. 其他_____

11. 贵单位理事会是否设有秘书处，设在哪个部门，是否设有专职秘书长？

_____

12. 在发挥馆外理事有效参与决策咨询方面，贵单位理事会有哪些举措？有否奖惩机制？

_____

13. 所属省市对理事会机构有哪些财政、人事配套改革措施？有哪些法律法规保障？

_____

_____

后 记

本书内容是在2015—2016年度国家公共文化服务体系制度设计研究课题的基础上完善而成，它是在上海图书馆（上海科学技术情报研究所）系列研究基础上的进一步探索。在此过程中，得到了理事会、各级领导及同事的大力支持，他们提出了相当深刻的修改意见，给予我们的研究工作极大的帮助和提升。在此，要感谢兄弟单位在实地及问卷调查工作中给予大力支持与配合，感谢在研究过程中所访谈的多位专家，均给予坦率的分析和真诚的建议。

课题研究于2016年11月完成，获得文化部公共文化司的肯定，课题成果被鉴定为"优秀"。本书初稿于2017年2月完成，感谢上海科学技术文献出版社的大力支持。

全书由马春、叶汝强进行框架设计、主笔和统稿，曲蕴、陈顺忠、黄一文、舒睿、卞志昕、胡皓达、邹勤南等参与研究与著作。作为年轻的研究团队，团队成员在多次的头脑风暴和研讨中，互相激荡火花，互相启迪，并在各自的研究部分作出了十分认真的努力。各章完成情况如下：第一章马春、叶汝强；第二章曲蕴、马春；第三章陈顺忠、黄一文、舒睿；第四章马春、卞志昕；第五章叶汝强、马春、胡皓达。

由于学识有限，在资料引用和研究过程中难免存在纰漏、错误与不足之处，敬请各位专家和读者批评与斧正。

著 者

2017年3月